未来の教育を創る教職教養指針 3

山﨑 準二・高野 和子【編集代表】

発達と学習

鹿毛 雅治【編著】

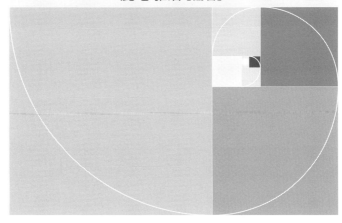

学文社

執筆者

安藤　寿康	慶應義塾大学	[第1章]
皆川　泰代	慶應義塾大学	[コラム①]
垣花真一郎	明治学院大学	[第2章・コラム②]
林　　創	神戸大学	[第3章・コラム③]
伊藤　貴昭	明治大学	[第4章・コラム④⑤]
伊藤　崇達	九州大学	[第5章・コラム⑥]
松尾　剛	福岡教育大学	[第6章・コラム⑦]
鈴木　雅之	横浜国立大学	[第7章・コラム⑧⑨]
柘植　雅義	筑波大学	[第8章1〜2節]
小野　昌彦	明治学院大学	[第8章3節]
鹿毛　雅治	慶應義塾大学	[第9章・コラム⑩]

〈執筆順〉

シリーズ刊行にあたって

　21 世紀の現在，国内外ともに，就学前教育から高等教育まで，また学校教育のみならず家庭や地域における教育までも巻き込んで，教育界はさまざまな「改革」が急速に進められてきている。教師教育（教師の養成・採用・研修）全般にわたる「改革」もまた，初等・中等教育の学習指導要領改訂に連動した教師教育の内容・方法・評価の「改革」として，また教師教育を担う大学・大学院の制度的組織的「改革」をも伴いつつ，急速に進められてきている。

　とりわけ近年，「実践的指導力の育成」というスローガンの下で，ともすると養成教育の内容と方法は，実務的・現場体験的なものに傾斜し，教職課程認定における行政指導も次第に細部にわたって強まってきている。さらに，「教員育成指標」「教職課程コアカリキュラム」の策定が行政主導で急速に進行しているが，教師教育の営みを画一化・閉鎖化しかねないと強い危惧の念を抱かざるを得ない。

　そのような教育全般および教師教育の「改革」状況のなかで，今回の新シリーズ「未来の教育を創る教職教養指針」を，主に大学等での養成教育における教職関連科目のテキストとして企画・刊行することにした。そして，以下のような 2 点をとくに意識し，現職教師の自主的主体的な研究活動も視野に入れて，本シリーズを，各巻編者も含めた私たちからの，教師教育カリキュラムの 1 つの提案としていきたい。

　①教育学や心理学という学問内容の体系性ではなく，あくまで教師教育という営みにおけるカリキュラムの体系性を提起することを直接的な目的としているが，過度に実践的実務的な内容とするのではなく，教師自身が教育という現象や実践を把握し，判断し，改善していくために必要不可欠とな

i

るであろう，教育学・心理学などがこれまでに蓄積してきた実践的・理論的研究成果（原理・原則・価値，理論・概念・知識など）を提起すること。

　同時に，即戦力育成を目的とした実務能力訓練としての「教員育成」ではなく，教育専門職者としての発達と力量形成を生涯にわたって遂げていくための教師教育を志向し，そのために必要不可欠な基盤づくりとしての養成教育カリキュラムの1つのあり方を提案するものでもあること。

②現在，教職課程認定行政のなかで「教職課程コアカリキュラム」が示され，すでにその枠組みの下で再課程認定が進められてきている。本シリーズは，本来，上記「コアカリ」という枠組みに対応するべく企画・編集されたものではないが，扱う内容領域としては，上記「コアカリ」の内容にも十分に対応し，さらにはそれを越える必要な学習を修めることができるものを構築すること。

　ただし，「教職課程コアカリキュラム」との関係については，本シリーズの各巻・各章を"素材"として各授業担当者の判断・構想によるべきものであるので「対応表」的なものを示してはいない。なぜなら，「コアカリ」の〇〇番目に該当する□□章△△節を扱ったから同項目内容の学習は済んだという思考に陥ったとき，教師教育の担当者は自らの教師教育実践を研究的に省察の対象とすることを放棄してしまうことになるのではないか。さらには，そのような教師教育からは社会の変化が求めている自主的主体的な研究活動に立脚した"学び続ける"教師は育ちえず，たとえ育っているようにみえてもそこでの教育実践研究は既存の枠組みのなかでのテクニカルなものに限定されがちになってしまうではないかと代表編者は考えているからである。

　最後に，本シリーズ名とした「未来の教育を創る教職教養指針」のうちの「教職教養指針」という用語について，説明しておきたい。同用語は，19世紀プロイセン・ドイツにおいて最初に教師養成所（Lehrerseminar）を創設し，自らその校長として教師教育の発展に尽力するとともに，以後の教育学・教科教育学および教師教育学などの理論的構築にも寄与したディースターヴェーク（Diesterweg, F. A. W., 1790-1866）の主著『ドイツの教師に寄せる教職教養指針

(Wegweiser zur Bildung für Deutsche Lehrer)』（初版 1835 年）から採ったものである。正確に述べておくならば，今日的な直訳は「ドイツの教師に寄せる陶冶のための指針」であるが，日本におけるディースターヴェーク研究・西洋教育史研究の泰斗・長尾十三二による訳語「教職教養指針」を使わせていただいた。ディースターヴェークの同上主著は，その後彼が没するまでに 4 版が刊行され，次第に質量ともに充実したものとなっていったが，当時の教育学や心理学，教科教育学やその基盤を成す人文社会科学・自然科学・芸術など各学問分野の第一級の研究者を結集して創り上げていった「ドイツの教師（それは，近代的専門職としての確立を意味する呼称である Lehrer ＝教師：現職教師および教師志望学生たちも含める）」に寄せる「教職教養指針」なのである。同書では「教師に関する授業のための諸規則」も詳述されているが，その最後の箇所で，それらの諸規則を真に認識するためには行為（実践）が必要であること，「最も正しい根本諸原理を自分の頭で考えて理解し応用すること」によってはじめて状況に対応した教育的な機転・判断能力が育成されるのだと強調されている。本テキスト・シリーズも，そういう性格・位置づけのものとして受け止め，活用していただきたいと願っている。

　本シリーズがディースターヴェークの同上主著と同等のものであるというのはあまりに口幅ったい物言いであるといえようが，しかし少なくとも本シリーズ企画への思いは彼の同上主著への思いと同様である／ありたい。そういう意味では本シリーズは「現代日本の教師（研究を基盤にすえた高度な専門職をめざし日々研鑽と修養に励む現職教師および教師志望学生たち）に寄せる教職教養指針」である／ありたいのである。

　本シリーズが，大学のみならず教育実践現場や教育行政において教師教育という営みに携わる教育関係者，教職課程を履修する学生，さらには教育という営為・現象に関心を寄せる多くの方々にも，広く読まれ，活用され，そして議論の素材とされることを願っている。

　2018 年 10 月

シリーズ編集代表　山﨑　準二・高野　和子

目　次

第1章　発達・学習の生得的基盤 ………………………………………………………… 1

第2章　知性の発達 ……………………………………………………………………… 25

第3章　社会性の発達 …………………………………………………………………… 45

第4章　学習と思考 ……………………………………………………………………… 63

第5章　動機づけと学習 ………………………………………………………………… 86

第6章　コミュニケーションと学習 ………………………………………………… 105

第7章　学習の評価 ……………………………………………………………………… 124

第8章　発達の障害と適応 …………………………………………………………… 143

第9章　学習と発達を促す教育環境 ………………………………………………… 160

索　引　〈182〉

■コラム①　脳の発達と学習　〈19〉
■コラム②　知性の個人差　〈44〉
■コラム③　自発的に教えること　〈62〉
■コラム④　教えて考えさせる授業　〈84〉
■コラム⑤　学習方略の有効性　〈85〉
■コラム⑥　学びに向かう心持ちをいかに整えるか？─動機づけの自己調整　〈104〉
■コラム⑦　学習環境のデザイナーとしての教師　〈123〉
■コラム⑧　学力の変化はどう評価できるか　〈141〉
■コラム⑨　偏差値は「悪」か　〈142〉
■コラム⑩　オープン教育　〈179〉

第 1 章

発達・学習の生得的基盤

　現在この地球に生息する生物は，動物種だけでも百数十万種あるといわれ，DNA が出現して以来 45 億年もの進化（evolution）を経て存在している。そのなかの一種である私たち現生人類，すなわち「ホモ・サピエンス」あるいは「ヒト」は，その進化の過程のなかでも最も最近，つまり 650 万年ほど前に，今のチンパンジーやボノボとの共通祖先から分岐したホモ族の系統から，さらに進化を経て，おそらく 20 万年ほど前に，ネアンデルタールとの共通祖先であるホモ・ハイデルベルゲンシスと分かれて出現したとされる。この気の遠くなるような長い時間の流れと，その結果として生まれた生物多様性のなかに，ヒトの「発達」と「学習」の心理学的なあり方を位置づけてみよう。

1 ヒトの発達と学習

（1）あらゆる動物は学習する

　その最も原初的で最も単純な動物であろう単細胞動物は，一見すると何の発達も学習もせず，ただ与えられた刺激に対して生得的にもつ反応様式で，不適当な環境は避け，好環境には接近し，栄養物に出会えばそれを摂取するというように，機械的に反応して生きているだけのように思われるかもしれない。しかし単細胞動物の 1 つであるゾウリムシも，自分が過去に一度適応した環境の温度や形状を「記憶」し，新しい環境で，その記憶された温度や形状を求めて行動する（小野　1951，中岡　2009）。あらゆる動物は「学習」をするのである。

　学習とは「経験による行動の持続的な変容」[1]であり，オペラント条件づけ，レスポンデント条件づけ，洞察学習，モデリング（観察学習・模倣学習）などさまざまな様式がある（第 4 章参照）。動物は環境のなかを自ら移動し，絶えず変化しつづける環境にそれぞれ適応しながら，栄養や配偶個体を探索し獲得し

1

なければ生存と繁殖をすることができない。その際，ある特定の環境や状況における生存のためのより適した行動を，次に出会う同じような環境や状況で再現できる能力をもつことがより生き延びやすく適応的であったろう。あらゆる動物がそれぞれにもつさまざまな学習の様式は，基本的にこのような淘汰圧[2]のもとで進化的に獲得されたものにちがいない。その意味で，あらゆる学習能力には，進化的な意味で獲得され遺伝的に伝達された生物学的基盤があると考えられる。

（2）ヒトの学習の特異性—教育の出現

　それではヒトの学習の進化的・生物学的特徴とはなんだろうか。

　単細胞動物も学習する。その基本は「個体学習」，つまり一個体だけで試行錯誤や洞察などによって学習が成立し，原則として他個体の影響を受けない学習様式である。ハチやアリ，ライオンやオオカミのように群れを成して生息する一部の社会的動物を除く大多数の動物の学習様式はもっぱらこの個体学習であり，学習者と学習される行動が向かう対象との間の二項関係で成り立つ学習である。個体学習は学習の最も基本的な様式であるから，ヒトもまたそれを当然のように行っている。テキストなどの教材やお手本に頼らずもっぱら自分ひとりで楽器の演奏や竹刀・ラケットの素振りの練習・仕事に必要な技能の習得を，自分の感覚だけを頼りに行ったり，内から湧き出る思いや考えをもとに孤独に哲学的な思索にふけるとき，それは「個体学習」といえるだろう。

　しかしライオンやオオカミなどの社会的動物（ヒトも含む）は，他個体と行動（たとえば狩猟など）をともにするなかで，他個体と協調し情報を伝達しあうことで共同学習したり，他個体の行動を観察あるいは模倣するといった「社会学習」，すなわち他個体の影響を受ける学習も行っている。とくにオオカミの狩猟行動の共同学習や，鳥の鳴き声の模倣学習，チンパンジーのアリ釣り[3]の観察学習といった社会学習は，きわめて巧妙で複雑な行動の習得にかかわっており，あたかも親子間や仲間間で教育を行っているかのようにすらみえる。そのような共同学習や観察・模倣学習は，たしかに社会的状況で生ずる

という意味では社会学習である。だが，学習自体は個体が自らの力だけで行っており，その意味では学習者と他個体，あるいは学習者と学習対象との間の二項関係だけで成立する「社会的状況での個体学習」である点に注意されたい。ヒトにおいて，この能力は高度に発達しており，誰から教わるでもなく自然と身につけてしまう「お国訛り」や「国民性」，あるいは誰も教えてくれない新しい職場のルールを見よう見まねで学習したり，テレビでしか見たことのない人気タレントのしぐさや口癖を真似るなど，さまざまにみることができる。じつは次に述べる教育学習，つまり人から何かを教わっているときですら，その教えに素直に従って学習するのではなく，自分なりに解釈や批判をして，自分流の取り入れ方をするとき，それはやはり「社会的文脈における個体学習」が生じているといえるだろう

　進化の過程で，さらに高次元の社会学習の様式が出現した。それが他個体の学習を促す行動をとるエージェントの影響を受ける社会学習，すなわち「教育学習」である。たとえばミーアキャットのサソリ採り行動は，その行動を習得しているおとな個体（親ではない）が，子ども個体に対して，まず完全に動かなくさせたサソリを与えて，それが食べ物であることを「教え」，次に弱らせた動くサソリを与えて，その食べ方を「教え」，さらに次に元気なサソリを与えてその食べ方を「訓練」し，最終的に自立させるという系統的な「教育」を行っている（Thornton & & McAuliffe 2006）。そこにヒトと同じように「教えよう」という意図があるとは思えないが，それでもその大人個体には直接のメリットのないこうした教示行動を，まだその能力をもっていない子ども個体の学習のためにわざわざやっているのである。このように他個体の学習のために自らの行動を変化させ，そのことによってそのほか個体の学習を促す行動を積極的教示（active teaching）と呼び（Caro & Hauser 1992），これによって成立する学習を教示（教育）学習と呼ぶ。これは学習者と学習対象と教示者との三項関係によって成り立っている[4]。

　不思議なことに，この三項関係による教育学習は，必ずしも高次な知能を必要としない。ヒトに最も近い高度な知能をもつチンパンジーは生息する地域ご

とに異なる餌のとり方の知識などを伝達し，その意味で「文化」すら有しているが，それはもっぱら模倣学習や共同学習によるもので，教育学習をしている証拠はいまのところ確認されていない。いっぽうで，タンデムランニング（二個体が前後に並んで移動する）をするある種のアリは，餌の位置を知ったアリが後続のアリに餌のある場所を「教える」ために，後ろのアリが迷うと立ち止まって待つ行動を行うことができる（Franks & Richardson　2006）。しかし今のところ，このような教示行動をすることが見いだされた動物種は，ヒト以外ではきわめて少ない（Thornton & Raihani　2008，Kline　2015；コラム③参照）。

　いっぽう，この学習様式が最も発達しているのがヒトであり，教示者（教師）に当たるエージェントが例示，説明，指示，評価など，自分ひとりのためには決して行わない特別な行動を意図的，組織的・計画的に行うことによって，生徒にあたる学習者エージェントの学習を促しコントロールしている。

　多くの動物が一見生存に有利になりそうな教育学習を行わず，もっぱら個体学習（社会的状況下での個体学習である観察学習や模倣学習などの社会学習もふくめて）しか行わないのは一見不思議である。しかしそれは他個体の学習を促す特殊な利他的行動としての教示行動（Caro & Hauser　1992）に，生存上多くのコストとリスクがあったからと考えられる。実際，ミーアキャットやアリなど，教育学習が確認されている種でも，それは原則として捕食行動に限られている。つまり学習対象に強い「制約」があるといえる。ところがヒトにおいては，ほとんどあらゆる知識と行動が教育学習の対象となりうる。その意味でヒトはほかの動物にはない「教育可能性」を有している。

　教育，すなわち「教える」という形式の学習においては，ヒト以外の動物が行う食物分配という互恵的な利他行動が，ヒトにおいて知識分配という形で成り立っていると考えられる。そこには一般知能，言語能力に代表される概念のさまざまなシンボル化能力，共同注意や共感（第3章参照），心の理論（第2章参照）といった社会的能力など，大きく発達した大脳皮質がもつヒトに固有のさまざまな認知機能が関与している。しかも教えるという行動によって，ある人の創造した知識や技能が，あたかもモノのように他者に伝えられ，受け取っ

4

た他者がすでにもっている知識や技能と結びついて，新たな知識や技能を生み出すことができる。ヒト特有といわれる文化の創造と蓄積すらもたらしているのも，まさに教育による学習があるからである。進化の過程でこのような特殊な形式の学習様式を備え，個体が個体を越えた知識を互いに学習し共有する能力を有したところに，ヒトとしての生物学的特殊性を見いだすことができる。ここまで考えると，ヒトは単に「教育可能性」をもつ動物というだけでなく，まさに教育によって生きている「教育的動物」であるといえる（Ando 2012）。

　ここでの「教育」に関する議論が，いわゆる「学校」で行われる意味での教育に限定されていないことは，すでにおわかりであろう。また教育しようする「意図」に基づいた学習にすら限定されていないことは，そうした意図をもたないであろうヒト以外の動物の教育まで含めて考えようとしていることからも明らかである。教育を学校や教室での活動に限定せず，他個体の学習を促す利他的機能をもったものという同じ定義を当てはめることのできる書籍，テレビ，インターネットなどのメディアを用いた知識・情報の伝達や，芸術活動や政治活動，広告活動のような一般に「教育」に当てはまらないさまざまな社会活動も，教育に含めて考えることができるという意味でその範囲は広い。またそこには文化的価値の認められたいわゆる「教育的」なことがらだけでなく，非行や犯罪の手口，不道徳な考え方のような「非教育的」とされる知識すら，他者から教示行動によって学習するかぎりにおいて，教育学習と呼べるものになる。ヒトは教育的動物であるがゆえに，そこで学習される知識は領域に依存しない内容的自由度をもち，また学校や教会といったいわゆる一定の制度的裏づけをもつ正規教育に限定されない形式的自由度をもつと考えられる。

（3）ヒトの発達の特徴

　単細胞動物も学習する。しかし単細胞動物の学習様式は，細胞どうしの接合と分裂によって生まれたときから，ほぼ完成し安定した生物学的機能を発揮している。いっぽう，多くの多細胞生物は，卵生であれ胎生であれ，その生活史（一個体が生まれてから死ぬまでに生ずる生物学的特徴の変化の流れ）のなかで，

その形態や行動様式を変化させる。それはヒトにおいても大きくみられ，胎児期，乳児期（出生から離乳まで），幼児期（離乳し直立二足歩行しはじめ乳歯で大人と同じものを食べられるようになってから永久歯が生えはじめ自力で移動したり食べたりできるまで，子ども期ともいう），児童期（永久歯の生えはじめから生殖能力をもちはじめるまで，少年期ともいう），青年期（生殖能力をもつようになってから社会的に独り立ちできる能力をもつまで），成人期（社会的に自立し次世代を出産し養育する期間），老年期（閉経により生殖能力を失う時期から死まで）と，生活史のなかでその形態と行動様式，そして学習様式まで変化させる。こうした生活史上の変化を「発達」と呼ぶ。

ヒトの生活史は，ほかの霊長類や哺乳類一般と比較して格段に長い子供期（ここでは乳児期から青年期までをさす。全生活史の3分の1ほどを費やす）と，同じく格段に長い老年期（閉経後，およそ30年）によって特徴づけられる（図1.1）(Schultz 1960, Bogin 1999, スプレイグ 2004)。子ども期の長さは脳の成長の長さと対応しており，児童期の始まりの段階で成人の脳の容量のおよそ90%，そして児童期の終わりの10〜12歳ごろに至ってほぼ成人の脳の大きさに達する。この脳の構造的完成を待って10〜12歳ごろから思春期スパートと呼ばれる身体の第二次成長期が訪れるのは，ヒトにおいて身体的成長よりも先

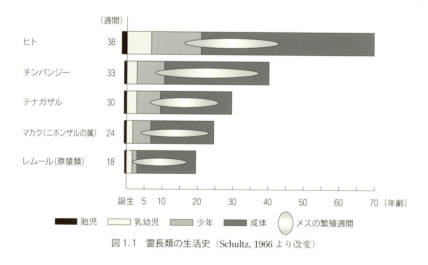

図1.1　霊長類の生活史（Schultz, 1966 より改変）

に膨大なエネルギー消費を必要とする学習の臓器としての脳の成長を優先させるという，発達と学習の特異な生活史戦略の進化的な獲得を示している。

　ヒトはこの時期に異年齢集団を形成して年長の子が年少の子を養育したり，遊びを通じて文化的知識を教育する機会をつくっている。また生殖能力を失えばすぐに死に至るほかの動物と比べて，このような長い老年期をもったのは，それが親世代の労働と生殖の機会を確保するとともに，親世代に代わって子どもの養育や教育を行うためと考えられる（おばあさん仮説，Williams　1957）[5]。いずれもヒトにおいて，教育による学習が，とくに乳児期から青年期にかけての子ども期にとくに促進される生物学的条件を与えている可能性を示唆していると考えられるのである。

　発達と学習は，ともに行動の変化をもたらす異なるメカニズムだが，互いに相互作用しあっている。すなわち，発達の諸段階によって学習への制約や教育可能性は異なるとともに，学習によって獲得された知識による行動上の変化が発達を促進したり停滞させたりする。たとえばまだ二語文しか扱えない幼児に長文の物語を読み聞かせしても，児童と同じようには理解できない。いっぽうで，隔離されて極端に剥奪されて育てられた子どもが，救出されたときは著しく発達の遅滞があっても，その後できるかぎりの教育を受け学習することによって劇的に回復する場合がある（藤永・春日・斎賀・内田　1987）など，学習と発達は基本的に切りはなして考えることはできない。

（4）教育による学習の生得性

　ヒトにおける教育学習の能力が発達段階の早期に発揮されていることを示唆する証拠がいくつか報告されている。教育は教師エージェント（教え手）と学習者エージェント（学び手）の両者がおり，そのどちらのエージェントとしての能力も2歳になる前に認めることができる。チブラとガーガリー（Csibra & Gergely　2006）は，大人が乳児に視線や赤ちゃん言葉で注意をひきつけると，続いて目の前にある物体に向ける視線を乳児は追従しやすく，その視線の先にある物体を，単にその大人が個人的に関心のあるものとしてみなすのではなく，

それが「よいもの」という一般化可能な知識ととらえるという。こうした自然なコミュニケーションの間で子どもは大人から特定の情報を選択的に「教えられ」る能力をもともともち合わせていると考え，それをナチュラル・ペダゴジー（natural pedagogy）と呼んだ。

　ナチュラル・ペダゴジーが「教わる」能力の生得性を示したものだとすれば，「教える」能力の生得性を示す証拠も報告されている。たとえば 20 カ月の幼児が他者がゲームの手続きを誤って行った行動を修正しようとしたり（赤木 2003），また 14 カ月児が他者の知らないものが背後にあることを「教える」ための指さしをしたり（Meng & Hashiya　2015），12 カ月児が大人が探しているものが自分にしか見えないとき，その場所をその大人に指さしで「教える」という援助行動をするという報告もある（Liszkowski *et al.*　2006）。

　ナチュラル・ペダゴジーの存在には，ほかのメカニズムでも説明可能であるとの批判もある（たとえば，中尾　2015）。また狩猟採集文化には大人から子どもへの教育はほとんど観察されないという文化人類学からの批判（たとえば，亀井　2010，Lancy　2015）がある一方で，同じ文化人類学から狩猟採集民も豊富なナチュラル・ペダゴジーや足場がけ（scaffolding）といった教育的働きかけが日常の親子のやり取りのなかに埋め込まれているという報告（Hewlett & Loulette　2016）もあり，教育行動の生得性はまだ論争の渦中にある。「教育は自然な認知能力である（Teaching is a natural cognitive ability：TNCA）」（Strauss & Ziv　2012）といえるかという問題は，人間における教育・学習・発達とは何かを考える重要な試金石であるが，少なくとも学習と教育を単純に文化的・社会的・歴史的視点からのみ解釈し説明しようとするオーソドックスな人文社会学的アプローチに限界があることはまちがいない。

2　個人差に及ぼす遺伝の影響

（1）遺伝と環境

　1 で述べたように，学習には，教育による学習まで含めて，生物学的基盤が確固として存在する。したがって人間においてどのような学習がなされるか，

その成果がいかなるものであるかを、単純に外的な文化的・歴史的・社会的な環境条件だけで説明することはできない。ここで学習成果の個人差に及ぼす遺伝の影響について考えてみよう。

　ここで「遺伝」（heredity）とは遺伝子（gene）の生み出す影響をさす。「遺伝子」はDNA（デオキシリボ核酸）という物質のなかに存在する情報で、生物をつくり上げているさまざまな種類のタンパク質の性質や働きを規定している。それはA（アデニン）、T（チミン）、C（シトシン）、G（グアニン）の4種類の塩基の組み合わせ配列として、あらゆる細胞の核のなかのある23対46本（ヒトの場合）の染色体に納められ、それぞれの細胞のなかで必要な情報を発現させて、独特の働きをつくり上げている。遺伝情報が世代を超えて伝わるのは、生殖細胞である卵や精子を介して、この染色体上のDNAを父と母から半分ずつ受け継ぐからである。ヒトの場合、DNAは全部で30億塩基ほどからなり、その99.9%はどの2人をとっても等しいが、わずか0.1%に個人差があり、それが人によって異なる種類のタンパク質をつくる。それが遺伝的な個人差である。

　顔の形や身長、体重に遺伝的な個人差があるのと同じように、人間の学習能力にも無視できない遺伝的個人差がある。メンデルの法則の説明に登場するエンドウ豆を「丸」や「しわ」にする遺伝子の組み合わせ、あるいはABO式の血液型をつかさどる遺伝様式については聞いたことがあるだろう。ヒトの学習能力にかかわる遺伝子についても原則はそれと同じように、ある能力形質の表現型をつかさどる数多くの遺伝子には、複数の種類（遺伝子多型）があり（たとえば、エンドウ豆を丸くするAとしわにするaのように）、それぞれが父由来・母由来の対立遺伝子の組み合わせがある特定の遺伝子型（たとえば［AA］［Aa］［aa］）をつくり、特定の表現型（たとえば［AA］［Aa］なら「丸」、［aa］なら「しわ」）を発現する。ヒトは2万を越す遺伝子からなり、その多くに遺伝子多型があるので、その組み合わせ数たるや天文学的な数となる。それだけの遺伝的多様性があるから、ヒトの顔は一人ひとりみなちがう。その遺伝子多型の影響が人間の学習能力にもあることは、遺伝条件を統制することのできる量

的遺伝学の伝統的な研究法である双生児法（twin method）を用いた行動遺伝学研究によって示されている（安藤　2017，安藤　2014，Plomin *et al.*　2015）。

　学習能力の基礎となる認知能力を測定したものと考えられる知能テストによって算出された知能指数（intelligence quotient：IQ）について，すべての遺伝子が等しい一卵性双生児と遺伝子を 50％しか共有しない二卵性双生児の児童期の類似性（相関係数）を検討した研究をメタ分析した結果（Haworth *et al.,* 2010）では，一卵性で 0.74，二卵性では 0.53 である。一卵性，二卵性のどちらも子宮内環境や家庭での生育環境に大きな差はないことから，一卵性の類似性が二卵性よりも大きいのは遺伝子の影響によると考えられる。ただし，もしすべての類似性が遺伝子によるものであるとしたら，遺伝的に一卵性の半分しか類似しない二卵性の相関は一卵性の半分，すなわち 0.37 程度にとどまるはずだが，実際はそれより大きい 0.53 であることから，遺伝によらずにきょうだいの類似をもたらす要因，つまり同じ家庭に育って経験を共有することからくる環境の影響（共有環境）もあることがわかる。量的遺伝学のモデルを用いた構造方程式モデリングで，個人差に及ぼす遺伝の影響と共有環境の影響の相対的大きさを求めると，遺伝 41％，共有環境 33％と推定される。ちなみに遺伝と共有環境の割合を足しても 100％に満たない 26％は，同じ家庭に育った一卵性双生児でも類似していない程度を表す。これは一人ひとりに固有な非共有環境の影響である。

　青年期，成人期の知能指数，ならびに学業成績（9歳時）とパーソナリティ（ビッグ・ファイブと呼ばれる外向性，神経質，開放性，同調性，勤勉性の5つの因子；第3章参照）について，一卵性双生児と二卵性双生児の相関係数の値と，そこから推定された遺伝，共有環境，非共有環境の相対的寄与率を示すと表1.1のようになる。いずれも一卵性の類似性は二卵性を上回り，遺伝の影響があることが認められる。行動遺伝学はその膨大な研究の知見から「すべての行動は遺伝的である」という原則を打ち出している（Turkheimer　2000）。

　ここからわかることは，学習に関連する知能も学業成績も，その個人差の半分以上が遺伝によるものだということである。しかし遺伝だけですべて説明さ

表 1.1 知能，学業成績，パーソナリティの双生児相関と遺伝・環境の割合

		一卵性	二卵性	遺伝	共有環境	非共有環境
知　能	IQ（児童期）	0.74	0.53	0.41	0.33	0.26
	IQ（青年期）	0.73	0.46	0.55	0.18	0.27
	IQ（成人期初期）	0.82	0.48	0.66	0.16	0.19
学業成績	国（英）語 9 歳	0.78	0.46	0.67	0.11	0.21
	算数 9 歳	0.76	0.41	0.72	0.04	0.23
	理科 9 歳	0.76	0.44	0.63	0.12	0.24
パーソナリティ	神経質	0.46	0.18	0.46	－	0.54
	外向性	0.49	0.12	0.46	－	0.54
	開拓性	0.52	0.25	0.52	－	0.48
	同調性	0.38	0.13	0.36	－	0.64
	勤勉性	0.51	0.10	0.52	－	0.48

出典：知能(Haworth *et al.* 2013)，学業成績(Kovas *et al.* 2007)，パーソナリティ(Shikishima *et al.* 2006)

れるのではなく，30〜40％は環境の影響を受けている。このことは，認知能力や学業成績の優劣には歴然とした遺伝的差異があるものの，同じ遺伝的素質をもっていても，さらに環境が知的技能の習得や学業に向けられた学習を促進するか抑制するかが，依然として少なからず個人差に関与していることを意味する。

　知能の個人差にかかわる環境要因として指摘されているのが家庭の社会経済的地位（Socioeconomic Status：SES），ならび家庭内の混乱度（CHAOS, Matheny *et al.* 1995）であり，これらは遺伝要因を統制しても個人差全体の数％程度は説明する有意な影響力をもつことが知られる（Petrill, Pike, Price & Plomin 2004）。家庭の社会経済的地位は，一般に親の教育水準や職業的地位，家庭の収入などによって測定されるもので，子ども時代にすごす家庭の内外にどれほどの文化的，経済的，社会的資源や人的資本が配置されているかにかかわる。これが高い家庭では家にある蔵書や CD，DVD の数，美術館やコンサートや旅行など文化的経験の機会，塾や家庭教師など学校外学習を受ける機会，住環境や家族の交友関係などの間接的な社会的条件，さらには栄養状態などで，それが低い家庭よりも，学業成績や知的レベル一般を引き上げるのに有利である。

CHAOS は"The Confusion, Hubbub, and Order Scale"（混乱と喧騒と秩序の尺度）という検査項目で測られる家庭の混沌度を意味し，「わが家はまさに動物園状態だ（混乱している）」「家ではたいていテレビがつけっぱなしだ」（以下は逆転項目）「いつも決まった時間に就寝する」「わが家の雰囲気はシーンと静まり返っている」などの項目で測定されるもちろん混沌とした家庭であるほど成績が悪くなる。

再び遺伝要因に着目しよう。表1.1でその発達的変化を比較した知能指数の結果からわかるように，遺伝の影響は発達ともに上昇する傾向にある（Haworth *et al.* 2010）。ふつう環境にさらされる時間が長くなるほどその影響が強くなると思われがちだが，実際は逆で，環境にさらされ経験や学習を長く積むほど，遺伝の影響は増幅するのである。一見常識に反するこの現象は，学習というものが遺伝と独立無関係に環境から与えられるがままに知識や技能を習得する営みとしてだけではなく，遺伝に見合うような環境が子どもが発揮する能力に誘発されて与えられたり，子ども自身が自分の遺伝を生かすような学習環境を選んで，自ら知識や技能を能動的に習得したりすると解釈すれば合点がいくだろう。これらは遺伝と環境の誘発的相関，そして遺伝と環境の能動的相関と呼ぶ（Scarr & McCartney 1983）。

ちなみに遺伝要因の発達的増幅現象はパーソナリティにはみられない。またパーソナリティには，やはり知能や学力と異なり，共有環境の影響もみられない（Briley & Tucker-Drob 2014）。おそらくパーソナリティは認知能力のように知識や技能や態度を習得することで形成されるのではなく（たとえば，神経質な人は神経質な行動パターンや態度をより多くより強固に学習するから神経質になるのではなく），もともともって生まれた遺伝的素質が特定の状況（非共有環境）の下で発現したものと思われる。

（2）学業成績への遺伝の影響をどう考えるか

学業成績の個人差の半分以上が遺伝要因によって説明されるという行動遺伝学の知見は，教育の世界でも心理学の世界でも，あまり十分に認知されていな

い（あるいは知らされても信じようとしない）のが実情であろう。また遺伝で説明されない残りの環境の影響も，その多くが共有環境，つまり親が直接・間接につくり上げた家庭環境である。もちろん個人個人に異なる環境要因である非共有環境も 20％程度は関与しているので，学習者自身の環境の改善や教師の教え方のちがいがある程度の効果をもつことを否定するものではない。しかし学業成績の個人差のかなりの部分が，学習者本人では変えようのない遺伝要因と家庭環境要因の差異に由来している事実は，教育可能性に対する重大な生物社会学的制約といえよう。この悲観的な状況をどう考えればよいのだろうか。

　まず誤解してはならないのは，この事実から教育が無意味だということにはまったくならないということである。この結果は，教育の機会がすべての国民に開かれ，一定レベルの学業的知識の学習が国民全員によってなされているという現行の教育制度の下での状況を反映している。学校教育を受けるか受けないかが社会階層や出自によって異なっていた時代や社会の文化的な知識や能力の個人差は，当然のことながら圧倒的に環境の差によって説明されていたであろう。また学校教育が形式的に整えられたとしても，教育内容や教育の量と質の学校間格差や教員による格差が大きく異なっていたとすれば，やはり環境の影響が大きく学業成績の差の説明要因になっているはずである。この研究結果に示される学業成績に関する遺伝の影響の強さ（遺伝分散の相対的大きさ）は，逆に学校教育が一定の水準で国民全体に行き届いていること（言い換えれば，学校や教師による格差の影響は遺伝的な差異や家庭環境の差異に比べれば小さいこと）の反映であるともいえる。これは教師の努力が無意味ということとは正反対に，教師それぞれが一定の教育的努力をしているからこそ生じた現象と考えるべきであろう。つまりそうした教育状況の下で，日本国憲法の規定にあるように，まさに「すべての国民が，その能力に応じて，ひとしく教育を受けた」結果が，このような学業成績の高い遺伝率として表れていると考えれば，わが国の教育制度はその目的を文字どおり達していることになるのであって，なんら悲観的ではないといえるだろう。

　しかし，それが皮相で皮肉な見方と受け取られるのも当然である。こんにち

の社会で，学業成績の差や学歴の差，そしてそれらがきっかけとしてつくり出される社会経済的な差や，自尊感情・ポジティブな時間的展望などの心理的格差は，大きな社会問題といえるからである。1 で述べたように，教育が生物学的基盤をもつ知識分配であるとするならば，学校での学習がめざしている，私たちの文化を成り立たせ，私たちの生きる基盤となる重要な知識の習得が，個人の遺伝的条件や家庭環境の条件によって不平等に分配されていることを意味する。あるいは学校教育が与える学習環境やそれを評価する方法・基準が，本来自然に存在する個々人の遺伝的条件の差を，社会的不平等という形で顕在化させる仕組みとして機能しているのかもしれない。一人ひとりの理解の仕方や適性に応じて，能力のある教師による丁寧な指導がなされれば，おそらく学習すること自体に喜びを見いだし，いまよりもずっと高い学習成果を上げたり，直接学業成績に結びつかなくとも，その個人にとって有益な知識を習得することができる学習者も少なからずいるだろう。またそもそもテストの評価基準を変えることで，測られた能力の個人差には依然としてある程度の遺伝の影響はあるにせよ，集団のなかで相対的有能さを感じることのできる学習のあり方もあるはずである。

　たとえば，遺伝条件の等しい一卵性双生児のきょうだいを別々の教室に分けて，同じ内容を異なる教授法（たとえば，英語を文法訳読式と会話式）で指導すると，内向的で会話活動は積極的になれないがワークブックの文法課題などは黙々と集中できるという点で類似したペアは，文法訳読式の教授法でのほうが会話式で教授した場合よりも動機づけも成績も高くなるのに対して，外向的で目立ちたがりやだがやや落ち着きのないという点で類似したペアは，むしろ会話中心式のほうが動機づけが高く成績もよい（Ando　1992，安藤　1997）。これは学習者の適性（この場合は遺伝的適性）に応じて教授法の効果が異なるという適性処遇交互作用（Aptitude Treatment Interaction：ATI）（並木　1997）の一種と考えられ，適性に合った教授法で学習を進めることが推奨されるかもしれない。しかしもし遺伝的に内向的な学習者だからといって会話学習の機会が少なくなったり，逆に外向的だからといって文法規則の意識化や筆記活動をする

機会が奪われることが，教育的によいことかどうかは，改めて議論されねばならない。たとえ学業成績という側面では遺伝的に相対的に劣っていたとしても，いや劣っているからこそ，その遺伝的適性を補償するための教育学習の機会を十分に与えねばならないという議論も可能である。そもそも遺伝的条件が異なるということは，同じ学習環境を与えられていたとしても，そのもとで異なる個体学習が生じていること，言い換えれば遺伝的条件に応じた学習環境への適応（adaptation）が起こっており，その適応の仕方を，一定の学力テストを用いて数値化した結果として，学業成績の個人差に大きな遺伝的影響が見いだされているということなのである。

（3）学業成績にかかわる諸要因に及ぼす遺伝と環境

学業成績の個人差と関連する要因を調べると，一般知能のほかにも自尊感情，パーソナリティ，問題行動，そして学校環境や家庭環境などがあげられる。これらの個人差にはそれぞれに有意な遺伝の影響が認められるが，その遺伝の影響が知能の遺伝要因とは独立に学業成績に関与していることが示された（Krapohl et al. 2014）（図1.2）。このなかにある学校環境や家庭環境にも遺伝要因がかかわっていることをいぶかしく思うかもしれない。これは学習者からみて先生や親がどれほど学習に支援的か，あるいは集中しやすい環境だと思うかと

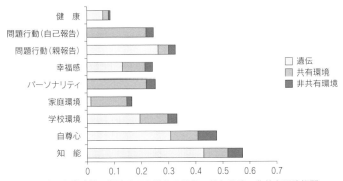

図1.2　学業成績に関連する変数との遺伝・共有環境・非共有環境相関
（Krapohl et al., 2014）

いった環境に対する認知をたずねたものである。このうち家庭環境の大部分は共有環境であるが、それでもわずかながらその環境を認知する学習者自身の遺伝要因がかかわっていることがわかる。学校環境については遺伝要因がかなり大きい。これらは、実際に学習者の遺伝的傾向が誘発したり自ら能動的につくり出してしまう環境があるという、先に述べた遺伝と環境の相関によるものかもしれないし、そもそも環境を自分自身のもつ遺伝的な色眼鏡を通してみているからかもしれない。環境もまた延長された遺伝子の表現型という性格をもつのである。

3 人間の教育と生得的基盤の相関

　一般に教育心理学の教科書では、遺伝や進化について、それを積極的に認める記述がみられないことが多い。それは学校での学習を規定する要因としてかなり迂遠なものとしてみなされやすいことに加え、これが過去に「劣等な遺伝素因」をもったものを排除し、「適者生存」こそが自然の摂理であるとみなした優生学を再燃させるという危惧を暗に抱きやすいからと思われる。

　本章ではそれに反して、人間の教育が進化的基盤をもつことに光を当て、さらに学業成績をはじめとした能力の個人差にのっぴきならない遺伝的差異があらわれていることにも焦点を当てた。これらは、いずれも頑健な科学的エビデンスに基づく事実認識だからである。もし人間が無限の教育可能性をもち、教育次第で誰でも優秀な学業成績をおさめることができると信じたいとすれば、これらの事実認識を無視したりまたは否定したいと思うのは無理もない。

　しかし、学校で学ばれる学業的知識とその結果としての学業成績の優秀さだけが教育学習のめざす唯一の目標ではない。いくらヒトが進化的に教育的動物だからといって、学校教育が扱う知識量はすでに十分に多様かつ大量であり、そのすべてをすべての学習者が同じペースで学習することは、どれだけ教育方法に工夫をこらそうと、遺伝的多様性を考えれば不可能であることは明らかである。他方、私たちの生きるこの世界を支えている宣言的・手続き的知識の多様性は、学校で学ぶ知識の多様性をさらに上回る。この社会を構成する誰かが、

それぞれの適性にあわせて，学校やそれ以外の場面で学ぶ機会のある知識を正しく学習し，適切に互恵的に使用してくれなければ，この社会を維持し，よりよいものにしてゆくことはできないのである。

　これらの知識運用を現在支えている多種多様な学習能力や才能は，「すべての行動は遺伝的である」という行動遺伝学の原則に従えば，そのいずれにおいても多かれ少なかれ遺伝の影響を受けて得意不得意の個人差があるはずである。このようにしてこの社会のなかの営みは，それぞれの遺伝的才能を何らかの形で発揮している無数の人々の間の人間関係と，それらが生み出す有形・無形の労働のなかで実現されている。その営みは，単に学業成績に現れやすい認知能力や非認知能力だけでなく，さまざまな形で発揮される多様な内的資源の組み合わせが，長い生涯をかけて，この社会の諸条件のなかで適応しようとしつづけながら形成されたものである。教育による学習とは，おそらくこうした適応過程を支えるメカニズムとして，進化的に獲得されてきたものなのであろう。

深い学びのための課題

1. あなたがいま夢中になって学習している文化的知識（学校の教科でも習い事や趣味でもよい）の習得に，先生から教わって学ぶ以外のどのような学習の仕方がかかわっているかを考え，それと比較して学校の先生から学ぶことの意味を考察してみよう。
2. 『ドラゴン桜』『ビリギャル』『下克上受験』の物語にあるような，劣等生がすぐれた教師や親の指導の下で劇的に学力が向上する出来事がもし本当にあるとしたら，本章で紹介した行動遺伝学の知見とどのように理論的に整合性のある説明ができるか考察してみよう。

注
1）たとえば足の怪我という経験で一時期，歩行困難という行動の変容があったとしても，治癒すればもとに戻るので，これを学習とは呼ばない。しかしその怪我の経験で，二度と同じような怪我をしないようにしようという注意の意識をもち続けるようになったとしたら，それは学習である。
2）進化の過程である生物が生息する特定の環境下で，特定の条件の形質をもった個体がより多くの子孫を産み，遺伝子の生き残りの差異を生むような選択，すなわち淘汰をもたらす条件をいう。
3）アフリカのボッソウに生息するチンパンジーは，木の幹にすむシロアリの巣に木の枝を差し込んで，それに食いついたアリを釣り上げて食べるという行動を学習し，その行動は次世代にも伝達されている。
4）ただし，子どもは単に大人が運んできたサソリの捕食行動を二項関係で学習しているだけで，大

第 1 章　発達・学習の生得的基盤　17

人の行動まで合わせて認知しているわけではない。また大人も「教えよう」という計画的意図をもっているとは思えない。それでも子どもの泣き声の変化（上達するにつれて音が高くなる）に応じて異なった状態のサソリを子どもの前に運ぶという行動は，教育者－学習対象－学習者の三項関係から成り立っているといえよう。

5）「おばあさん仮説」自体は直接検証されていない。たとえば女性がより長寿であるほど多くの孫をもつという証拠はない。また女性が長寿であることが教育機会を増し，それによっておばあさんのいない家庭よりも子どもが育ちにくいという証拠もない。したがって，老年期の長さが教育機会の確保と関係するという本書の議論は，あくまでも筆者独自の仮説である。

引用・参考文献

赤木和重（2008）「1歳児は教えることができるか―他者の問題解決困難場面における積極的教示行為の生起」『発達心理学研究』15（3），pp. 366-375

安藤寿康（1999）『遺伝と教育―人間行動遺伝学的アプローチ』風間書房

――（2014）『遺伝と環境の心理学―人間行動遺伝学入門』培風館

――（2017）『「心は遺伝する」とどうして言えるのか―ふたご研究のロジックとその先へ』創元社

小野芳明（1951）『動物学雑誌』60巻，12号，8頁

亀井伸孝（2010）『森の小さな〈ハンター〉たち―狩猟採集民の子どもの民族誌』京都大学学術出版会

スプレイグ，D．（2004）『サルの生涯，ヒトの生涯―人生計画の生物学』京都大学学術出版会

中岡保夫（2009）「ゾウリムシは本当に学習するのか？」日本比較生理生化学会編『動物の多様な生き方4』共立出版 p. 16-3

中尾央（2015）『人間進化の科学哲学―行動・心・文化』名古屋大学出版会

並木博（1997）『個性と教育環境の交互作用―教育心理学の課題』培風館

藤永保・春日喬・斎賀久敬・内田伸子（1987）『人間発達と初期環境―初期環境の貧困に基づく発達遅滞児の長期追跡研究 有斐閣

Ando, J. (1992) The effect of two EFL（English as a foreign language）teaching approaches studied by the cotwin control method：A comparative study of the communicative and the grammatical approach. *Acta Geneticae Medicae et Gemollologiae*, 41, pp.335-352.

――（1992）The effect of two EFL（English as a foreign language）teaching approaches studied by the cotwin control method: A comparative study of the communicative and the grammatical approach. *Acta Geneticae Medicae et Gemollologiae*, 41, pp.335-352.

――（2012）On "Homo educans" hypothesis. In S. Watanabe （Ed.）, *CARLS Series of Advanced Study of Logic and Sensibility,* Keio University Press, pp.147-156.

Bogin, B. （1999）*Patterns of Human Growth*, 2nd ed. Cambridge University Press. Cambridge.

Briley, D. A. & Tucker-Drob, E. M. （2014）Genetic and environmental continuity in personality development: A meta-analysis. Psychological Bulletin, 140, pp.1303-1331. doi:10.1037/a0037091

Caro, T.M.& Hauser, M.D. （1992）Is there teaching in nonhuman animals?. *The Quarterly Review of Biology*, 67, pp.151-174.

Csibra, G., & Gergely, G. （2009）Natural pedagogy. *Trends in Cognitive Sciences*, 13, pp.148-153.

Franks, N.R.& Richardson, T. （2006）Teaching in tandem-running ants. *Nature*, 439, p.153.

Haworth, C.M.A., Wright, M.J., Luciano, M., Martin, N.G. *et al.* （2010）The heritability of general cognitive ability increases linearly from childhood to young adulthood. *Molecular Psychiatry*, 15, pp. 1112-1120.

Hewlett, B.S & Roulette, C. （2016）Teaching in hunter-gatherer infnacy. *Royal Society Open Science*, 3:

p.15403.

Kline, M. A.（2015）How to learn about teaching: An evolutionary framework for the study of teaching behavior in humans and other animals. *Behavioral and Brain Sciences*. 38, e31 doi: 10. 1017/ S0140525X14000090.

Kovas, Y., Haworth, C.M., Dale, P.S.& Plomin, R.（2007）The genetic and environmental origins of learning abilities and disabilities in the early school years. *Monographs of the Society for Research in Child Development*. 72（3）:vii, pp.1-144.

Krapohl, E., Rimfelda, K., Shakeshafta, N.G., Trzaskowskia, M., McMillana, A., Pingaulta, J-B., Asburyc, K., Harlaard, N., Kovas, Y., Daleg, P.S.& Robert Plomin（2014）The high heritability of educational achievement reflects many genetically influenced traits, not just intelligence. *PNAS*, 111, pp. 15273-15278.

Lancy, D. F.（in press）Teaching: Natural or Cultural? In Berch and David Geary（Eds）*Evolutionary Perspectives on Education and Child Development*. Dan Heidelberg, DE: Springer.

Liszkowski, Carpenter, Striano & Tomasello（2006）12-and 18-Month Olds Point to Provide Information for Others, *Journal of Cognition and Development*, University of St Andrews.

Matheny, A.P., Wachs, T.D., Ludwig, J.L. & Phillips, K.（1995）Bring order out of chaos: Psychometric characteristics of the confusion, hubbub, and order scale. *Journal of Applied Developmental Psychology*. 16, pp.429-444.

Petrill, S.A., Pike, A., Price, T. & Plomin, R.（2004）Chaos in the home and socioeconomic status are associated with cognitive development in early childhood: environmental mediators identified in a genetic design.*Intelligence*, 32, pp.445-460.

Plomin, R. DeFries, J.C., Knopik, V.C. & Neiderhiser, J.M.（2015）Top 10 replicated findings from behavioral genetics. *Perspectives of Psychological Science*.11（1）, pp.3-23.

Scarr, S & McCartney, K.（1983）How people make their own environments: a theory of genotype greater than environment effects. *Child Development*, 54（2）, pp.424-35.

Schultz, A.H.（1960）Age changes in primates and their modification in Man. In ed. J.M. Tanner, *Human Growth*, Oxford: Pergamon. pp.1-20.

Shikishima C, Ando J, Ono Y, Toda T, Yoshimura K（2006）Registry of adolescent and young adult twins in the Tokyo area. *Twin Research and Human Genetics*, 9, pp.811-816

Strauss, S. & Ziv, M.（2012）Teaching is a natural cognitive ability for humans. *Mind, Brain and Education*, 6, pp.186-196.

Thornton, A. & McAuliffe, K.（2006）Teaching in wild meerkats. *Science*, 313, pp.227-229.

Thornton, A. & Raihani, N. J.（2008）The evolution of teaching. *Animal Behaviour*, 75, pp.1823-1836.

Turkheimer, E.（2000）Three laws of behavioral genetics and what they mean. *Current Directions in Psychological Science*, 9（5）, pp.160-165.

Williams, G.C.（1957）Pleiotropy, natural selection, and the evolution of senescence. *Evolution*, 11（4）, pp.398-411.

■コラム①　脳の発達と学習
（1）はじめに
　脳科学と学習は神経科学の黎明期より関係が深い。学習による神経細胞の可塑的変化については分子，細胞レベルの神経科学の分野において広く研究されてきた。とくにヘッブの学習則，すなわち新しい認知活

動や行動に伴い神経細胞の発火が隣の神経細胞へ発火を誘発すると2つの細胞間のシナプス結合が強まり，それら発火の繰り返し（同じ行動の繰り返し）で信号伝達効率が高まり強固な神経回路を形成する，という説は神経と学習の基礎である（Hebb 1949）。

脳科学のなかでも取り立ててヒトの認知と脳機能，構造の関係を明らかにしようとする認知神経科学が盛んになってからは，認知神経科学の知見を教育へ応用しようとする，経済協力開発機構教育研究革新センター（OECD/CERI）に代表されるようなアプローチも現れた。わが国でも OECD の動きを受け，2002 年に「脳科学と教育」についての検討会が文部科学省に設置されるなど脳科学の可能性に期待が寄せられた。その後，脳科学についての基礎的知見は積み重なったものの，それを直接教育の現場へ結びつけることに壁があったこともあり，残念ながら現在日本においては脳科学と教育の研究を推進する大きい動きはなくなった。たしかに「＊＊の学習をして脳の活動や構造が可塑的に変化した」といった研究結果は，基礎的な知見としては貴重であるが，従来から行われていた行動評価による教育効果を検討する研究以上に現場へ多くの情報を提供することはほとんどない。このためもあってか脳科学を教育現場で直接的に役立てることは国内外を問わず比較的困難とされた（Ansari & Coch 2006）。しかしながら，子どもの発達途上の脳を知ることで，たとえば思春期の反抗的な行動や予想もしない考え方を理解できるようになった。あるいは急に教室から飛び出していくような子どもの脳の発達を理解することで，落ち着いて対処できるようになった。というように，子どもの行動の生理的基盤の理解が，教育者としても感情的ではなく，理性的，論理的な対応につながるというメリットがある。実際，近年の脳科学は子ど

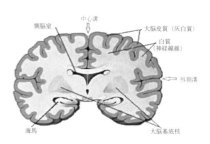

図1A　大脳皮質の断面

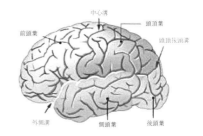

図1B　大脳の各領域　高次脳機能，実行機能を司る前頭葉，聴覚野などを含む側頭葉，体性感覚野などを含む頭頂葉，視覚野などを含む後頭葉

もの脳の発達はこれまで思われていた以上に 20 歳あたりの前成人期までにゆっくり発達することを示してきた。つまり高校生，大学生でさえ私たち成人とは異なる脳の構造をもったある意味「異星人」のような存在なのである。以降そのような脳の構造や神経線維の発達を（2）で述べる。そして（3）以降はそのような脳発達と子どもの行動・学習の関係について述べる。

（2）脳の解剖学的構造，生理機能の発達

大脳は 1000 億個以上ともいわれる神経細胞，さらに多いグリア細胞，それを生理学的に支える血液循環システムなどから構成される情報処理体である。進化的に新しい脳が最も表面側にある大脳皮質であり（図1 A），神経細胞の細胞体が多く集ま

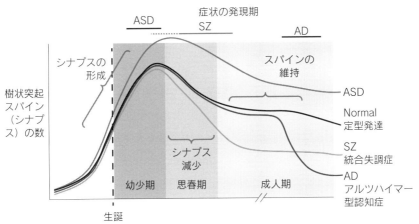

図2　神経細胞の樹状突起スパイン数（シナプスを構成する一部分）の一生の変化についての想定図（Penzes et al. 2011）

る灰白質とも呼ばれる部位である。その下に白質と呼ばれる神経細胞の神経線維が多く走行する白っぽく見える層がある。この神経線維は脳部位と脳部位をつなぐ大事な連絡路ともいえる。大脳皮質のさらに奥に海馬や扁桃体を含む大脳辺縁系，さらには条件付けなどの学習や運動調節にもかかわる大脳基底核がある。

大脳皮質は大きく図1Bのように4つの葉にわかれ，感覚・知覚関連では視覚機能が後頭葉，聴覚は側頭葉の上部にある聴覚野，触覚は中心溝の頭頂葉側の体性感覚野において主に処理されるなど機能分化がなされている。これら感覚系は比較的低次な処理を行うのに対し，言語，思考，記憶など高次認知処理を主として行うのが前頭葉，とくに運動野より前の部分である前頭前野である。この部位はあらゆる感覚刺激について高次処理を受けた情報が集まり，運動野や大脳辺縁系などあらゆる脳部位との連合し，さまざまな情報を受けて記憶，意思決定，感情制御，社会行動などの認知・実行機能を制御する脳の司令塔である。

■シナプスの刈込み　脳は出生後1年にまずは劇的な変化を遂げる。生後半年までの乳児は，サルの個体弁別ができたり，外国語のあらゆる音韻を聞き分けたりなど鋭敏な知覚能力を示すことが知られているが，これはこの時期に神経細胞のつなぎ目であるシナプス数が一生のなかで一番多いことに由来するともいう説もある。とくに視覚，聴覚の感覚系のシナプス数は0歳代でピークを迎え，その後，乳児の環境に応じて不要なシナプスは刈込まれ，必要な神経回路がより効果的な神経活動ができるように発達していく（図2）。その結果，聴覚で例えるなら母語に必要な音韻をより効率的に聞きわけ，不要な非母語の音韻の聞き分けはできなくなるという知覚的狭小化が起こる。環境に依存した刺激の学習による脳の発達である。いっぽうで，高次脳機能をつかさどる前頭前野の刈込みは前成人期まで続く，つまり前頭前野の神経回路はこの時期までに学習が完成せず，混線気味の非効率的な状態が続く。他方で自閉症スペクトラム障害（ASD）児などの脳ではこの刈込みが正常に行われず，シナプスが過剰に残ることにより，過敏あるいは鋭敏

図3　5歳から20歳までの大脳灰白質の薄化の過程（Gogtay *et al.* 2004）

な視知覚や聴覚などの知覚特徴があるともいわれている（Penzes *et al.* 2011）。

■灰白質，白質の構造変化　成人の神経細胞の軸索は髄鞘（ミエリン）でおおわれ，軸索で効率的な電位活動の伝達が行われるが，子どもの場合はこの髄鞘化が完全でなく軸索がむき出しの漏電ともいえるような非効率的な状態にある。10歳以降も髄鞘化は進行するが，この関連から大脳の灰白質と白質の見え方も変化がみられる。すなわち，灰白質は10歳頃までその体積を拡大させ，頭蓋の大きさもこの時期に成人とほぼ変わらないものとなるが，10歳以降から灰白質の厚さは徐々に薄くなっていく（図3）。この過程は，髄鞘化が進み白く見える部分が増えるため灰白質が薄くなり，白質がやや厚くなるようにみえる結果だともいわれている。この灰白質の薄化も部位依存性があり，前頭前野の薄化は20歳頃にようやく完了する。つまり20歳頃になるまでは前頭前野では髄鞘化が未熟で神経細胞の電位伝達が非効率的ということになる。

■神経線維や脳機能結合の発達　MRI（Magnetic Resonance Imaging）の拡散強調画像（Diffusion Tensor Imaging：DTI）という手法により神経線維の成熟過程も明らかになってきた。詳細な説明は省くが，乳幼児期は神経線維がさまざまな方向性をもつ未熟な状態であるが，5歳から12歳にかけて神経線維の急激な成熟が観察されている（Lebel *et al.* 2008）。成熟ということはすなわち神経線維束がある特定の方向性をもった神経回路として構築されるということで，例えるなら脳内の幹線道路がうまく整備されているということともいえよう。いっぽうで，fMRIによる安静状態の脳機能結合計測はその幹線道路がネットワークとしてうまく機能し，信号の連絡がとれているかといった指標として評価できる。安静状態の脳機能結合を大規模に計測した研究からは，幼児期には局所的な結合が多くみられるいっぽうで，前成人期では長い距離の大規模な結合ができると報告されている。すなわち発達に伴い短距離の結合は弱まり，長距離の結合が優位になり，たとえば前頭葉と後頭葉などの離れた脳部位も連絡を密にするようになる，ということである。ただし，安静状態の脳機能結合の結果は研究により異なることもあり，これは若年者のMRI装置内での動きアーチファクトの発達変化がデータに影響しているからともいわれ，いまだ論争中である。

（3）脳の構造の可塑的変化と学習

（2）をまとめ少々乱暴ないい方をすると，幼い脳はより多くの神経細胞そしてシナプスがあり，それら神経細胞はとくに局所的な部分で不特定多数のつながりをもっている。さらに神経細胞の軸索部分は髄鞘がないむき出し状態で神経活動にも無駄なエネルギーを使っている状態である。これらの無法地帯ともいえる荒野を刈込み，回路の道筋をつけ，特定の回路を使いやすくすることが脳の発達であり，それは遺伝的な基盤の上に環境，経験そして学習，教育により促進される。たとえば母語の音声の入力を受けることで母語の音韻カテゴリーを鋭敏に聞き分けるように，余分なシナプスは刈込まれ，ヘッブの学習則により特定

の回路が強固になる（これが特定部位の脳活動につながる）。文字を学ぶことで紡錘状回という脳部位や音韻関連の聴覚野・側頭平面の神経回路が形成され，読書時にその部位が活性化するようになる（Dehaene et al. 2010）。神経回路の形成はしばしば灰白質などの体積増加や脳部位結合変化にもつながる。バイオリン奏者の指の体性感覚野が大きくなる（Elbert et al. 1995），第二言語学習により右前頭回の灰白質が増加し，右前頭回と大脳基底核の神経結合が強固になるなど（Hosoda et al. 2013）報告されている。学習による脳の可塑的変化である。

（4）前頭葉と発達脳

（2）の脳構造の発達を概観すると，発達脳はとくに前頭葉においてシナプスの刈込みや灰白質の薄化が遅い，つまり大きな特徴は20歳頃まで続く前頭葉の未熟さにある。既述したとおり前頭葉は意思決定，感情制御など自己制御にかかわり，推論，作業記憶など高次脳機能にかかわる部位であるため，この部位が未熟な学齢期や思春期には成人とは異なる行動がみられる。たとえば未来のことを見通した計画が立てられない，目先の快楽や利益を優先する意思決定，湧き上がる感情の制御のないままの行動などがみられがちである。ヒト脳では進化的にも古い大脳辺縁系（視床，扁桃体など）からの本能的な欲求（例，摂食欲求）が，前頭葉により社会的，道徳的，論理的な観念から制御されている。幼児は前頭葉の抑制が効かず欲求に応じた行動を示すが，脳の発達と学習により，社会的にも適切な行動ができるようになる。取り立てて思春期では性ホルモンが急激に増加し，大脳辺縁系が急激に活発化するが（Casey et al. 2010），前頭葉の発達は追いついていない状況にある。このアンバランスな状況が多面的に影響し衝動的，一過性の情動

系亢進によるリスク行動，反抗などこの時期に特有な問題にもつながる。

（5）非定型的な脳発達

環境的にも遺伝的にも脳が非定型的に発達する要因がある。ルーマニアの孤児を追いかけた大規模研究から環境要因の一例を紹介する。感覚刺激が極端に少ない当時の乳児院で育った児は，灰白質が最大になる10歳時期において灰白質が一般児より小さいことが報告された。3歳など途中で養子になった児も灰白質が小さいため，乳児期に感覚刺激を十分に受けなかった乳児院の児は，活性化される神経細胞やシナプスが少なかったため過剰な刈込みが行われ，灰白質が通常より小さくなったと解釈される（Sheridan et al. 2012）。遺伝的要因の代表としてASDの脳があげられる。まだ十分に研究が進んでいないが，一説として既述したように，シナプスの刈込みが十分に行われず余分な非効率的な回路が残り（Penzes et al. 2011），脳の体積も大きくなるともいわれている。これは環境要因ではなく遺伝による脳の特性と考えられる。いっぽうで，ASDの脳は長距離の脳機能結合が少なく，結合に脳機能の問題があるともいわれている。注意欠陥・多動性障害は前頭部と大脳基底核の経路に問題があるとされ，右下前頭部が抑制系の課題で活動低下することなどが報告されている（Hart et al. 2013）。これらは前頭前野での抑制指令がうまく機能しないことを示唆する。これら発達障害は個人差も多く，脳機能研究結果も一致しない場合も多い。しかし，遺伝的に決まった脳でも環境や学習によって変えられる。早期の療育が効果的といわれるのは可塑性の高い若い時期では，療育によりこれらの脳回路を可塑的に変化させることがより容易である。

（6）おわりに

以上，複雑な脳機能研究の知見をできる

だけ平易に，単純化してまとめたため誤解を招く部分もあるかもしれないが，これらの知識が現場における子どもの理解の一助としても，そして教育が脳へ及ぼす効果の基礎的理解につながればと思う。

　最後に今後の展望として，最新の脳科学と教育に関するトピックを紹介する。通信速度を含め脳機能計測機の技術的発展で，軽量で装着しやすい無線の脳波計や近赤外分光法（NIRS）が開発されてきた。それらを用いて複数の生徒と教師の脳信号の同期性などを授業時に計測し，たとえば生徒が熱心に授業に取り組むときに生徒どうしの脳波同期が高まること（Dikker *et al.* 2017）などが報告されている。これらの試みは緒についたばかりであり，可能性も未知数であるが，生徒の理解度や授業態度がオンラインでバイオフィードバックとして確認できる時代がくるのかもしれない。

参考文献

Hebb, D.O.（1949）*The Organization of Behavior*. New York: Wiley & Sons.

Ansari, D., Coch, D.（2006）Bridges over troubled waters: education and cognitive neuroscience. *Trends in Cognitive Sciences*. 10（4），146-151.

Penzes, P., Cahill, M.E., Jones, K.A., VanLeeuwen, J.E., Woolfrey, K.M.（2011）Dendritic spine pathology in neuropsychiatric disorders. *Nature Neuroscience*. 14（3），285-293.

Lebel, C., Walker, L., Leemans, A., Phillips, L., Beaulieu, C.（2008）Microstructural maturation of the human brain from childhood to adulthood. *Neuroimage*. 40（3），1044-1055.

Dehaene, S., Pegado, F., Braga, L.W., Ventura, P., Nunes, Filho, G., Jobert, A., Dehaene-Lambertz, G., Kolinsky, R., Morais, J., Cohen, L.（2010） How learning to read changes the cortical networks for vision and language. *Science*. 330（6009），1359-1364.

Elbert, T., Pantev, C., Wienbruch, C., Rockstroh, B., Taub, E.（1995）Increased cortical representation of the fingers of the left hand in string players. *Science*. 270（5234），305-307.

Hosoda, C., Tanaka, K., Nariai, T., Honda, M., Hanakawa, T.（2013）Dynamic neural network reorganization associated with second language vocabulary acquisition: a multimodal imaging study. *Journal of Neuroscience*. 33（34），13663-13672.

Casey, B.J., Jones, R.M.（2010）Neurobiology of the adolescent brain and behavior: implications for substance use disorders. *Journal of the American Academy of Child and Adolescent Psychiatry*. 49（12），1189-1201.

Sheridan, M.A., Fox, N.A., Zeanah, C.H., McLaughlin, K.A., Nelson, C.A.3rd（2012）Variation in neural development as a result of exposure to institutionalization early in childhood. *Proceedings of the National Academy of Sciences of the United States of America*. 109（32），12927-12932.

Hart, H., Chantiluke, K., Cubillo, A.I., Smith, A.B., Simmons, A., Brammer, M.J., Marquand, A.F., Rubia, K.（2014）Pattern classification of response inhibition in ADHD: toward the development of neurobiological markers for ADHD. *Human Brain Mapping*. 35（7），3083-3094.

Dikker, S., Wan, L., Davidesco, I., Kaggen, L., Oostrik, M., McClintock, J., Rowland, J., Michalareas, G., Van, Bavel, J.J., Ding, M., Poeppel, D.（2017）Brain-to-Brain Synchrony Tracks Real-World Dynamic Group Interactions in the Classroom. *Current Biology*. 27（9），1375-1380.

Gogtay, N., Giedd, J.N., Lusk, L., Hayashi, K.M., Greenstein, D., Vaituzis, A.C., Nugent, T.F.3rd, Herman, D.H., Clasen, L.S., Toga, A.W., Rapoport, J.L., Thompson, P.M.（2004） Dynamic mapping of human cortical development during childhood through early adulthood. *Proceedings of the National Academy of Sciences of the United States of America*. 101（21），8174-8179.

第2章

知性の発達

　人間は，その高い知性をもって他の動物と区別される。知性はいわば人間の本性ともいえる。このため「知性とは何か」という問いは，古代から多くの哲学者を惹きつけてきた。19世紀に誕生した心理学は，「実証」という手段をもってこの問いに挑み，以来種々の理論を生み出してきた。そして，それらの心理学理論は教育に関する言説へと波及し，さまざまな教育方法へと結実してきたのである。

　本章では，知性の発達をめぐる理論の変遷を概説する。まず心理学の黎明期に登場した諸説を概観し，その後，今日の知性発達理論の2つの源流，ピアジェの構成主義とヴィゴツキーの文化─歴史的発達理論を概説する。そして，のちにこれらの理論が教育に与えた影響について言及する。

1 知性研究の前史

　知性（intelligence）の定義に一定のものはないが，最も広義に捉えるなら，「環境への適応能力」ということになろう。この定義に従えば，人間以外の動物もある種の知性をもつことになる。知性の科学的な研究は，動物を対象にした研究から始まった。そこから得られた発想は，知性を過度に単純化している面もあるが，それゆえに得られる示唆もある。

（1）試行錯誤説

　「知性とは何か」という問いに対して「それは思考力である」といえば，単なる言葉の言い換えにすぎない。物事を説明するということは，最低限，その物事をより単純な要素の系列として捉え直すということである。

知性の要素として最初に提案されたのが「連合」である。梅干しを見れば唾液が出る。赤信号を見れば足が止まる。私たちは経験を通じて膨大な刺激と反応の連合を獲得する。この連合の系列こそが知性の正体であるとしたのが，ソーンダイク（Thorndike, E.L.）の試行錯誤説である。

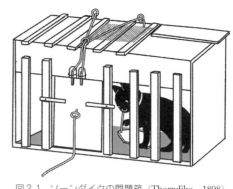

図2.1 ソーンダイクの問題箱（Thorndike 1898）

ソーンダイクは図2.1のような箱を用意して，猫をそこに閉じ込めた。中には踏台があり，それを踏めば扉が開き，猫は脱出することができる。それができれば，そこにある種の知性を認めることができる。

結果はどうだったか。猫はバタバタと動き回る。このバタバタに計画性や意図性は見いだせない。しかし，手数が多ければ1つくらいは正解に当たるわけで猫はついに踏台を踏み，無事に抜け出すことに成功する。その猫を再度，箱に閉じ込める。そうして何度もこれを繰り返すと，手数は徐々に減っていき，最終的には，猫はあっという間に箱を出るようになる。

ソーンダイクは，この無数の手数を繰り出す過程，すなわち「試行錯誤」こそが，知性そのものであると考えた。つまり，知性と見えているものは，繰り出された幾多の行動から無駄な行動が淘汰され，必要な行動が残る仕組みだというのである。これは，進化論における「多様性」と「淘汰」の発想を行動の変化に適用したものといえる。この発想はその後，行動主義に受け継がれ，現代でも一定の影響力をもっている。

（2）洞察説

ふとした瞬間に，見慣れた壁のシミが顔の形に見えたり，砂利の庭にハートの形が見えたりすることがある。これは，心内のシミや小石の間に構造が生まれ，私たちに知覚されるためである。ドイツに生まれたゲシュタルト学派は，

この構造をゲシュタルトと呼び，これが知性の正体であるとした。

ゲシュタルト学派の主唱者，ケーラー（Köhler, W.）は，サルタンという名のチンパンジーを用いて，そのことを示した。ケーラーは，サルタンをある部屋に入れ，その様子を観察した。天井からはバナナが吊るされ，床には木箱が散乱している。サルタンは，バナナを得ようと闇雲に動き回るが，ふと立ち止まる。次の瞬間には，木箱を積み重ね，バナナを入手したのである（図2.2）。以上の現象は，試行錯誤説からは説明できない。サルタンは，何度も成功経験を積み重ねたのではなく，成功はひらめき（洞察）のように瞬間的に起こったからである。

図2.2 箱を積んでバナナを取るチンパンジー（Köhler 1925）

ケーラーらは，この現象を，ゲシュタルトの変化によって説明した。つまり，バラバラのシミが顔に知覚されるのと同様に，バラバラの木箱とバナナが，一気に目的−手段関係というゲシュタルトに再構造化されたのである。のちにこの説は洞察説と呼ばれるようになった。

洞察説は，「構造の変化」という心内の運動に着目した点で画期的であった。しかし，知性を構造で説明するという手法は，知性を「思考力」で説明することとさほど変わらない。本来は，この「構造」の成り立ち自体を説明することが必要である。それを発達という観点で説明しようとしたのがピアジェである。

2 ピアジェの構成主義

今，サルタンがおかれた状況を，人間の生活状況におき換えてみよう。部屋の片隅に背の高い食器棚がある。あなたは最上段の引き出しに饅頭が入ってい

ることを知っている。あなたは，部屋を見渡し「椅子を引き寄せそれに乗って引き出しを開けること」を想像し，実行に移すだろう。

このとき頭の中では，知性にとって重要な 2 つの要素が働いている。表象（representation）と操作（operation）である。表象とは，頭の中にある現実世界の「代替物」のことである。私たちは，饅頭が見えていなくてもそのイメージを頭で思い描くことができる。これが表象である。なお，人間は絵的なイメージだけでなく記号や概念などの抽象的なものも思い描くことができる。これらも表象に含まれる。2 つ目は操作である。あなたは，頭の中で椅子を動かし，饅頭を手にする。つまり，表象を現実とは異なるように動かすことができるのである。

1896 年にスイスに生まれたピアジェ（Piaget, J. 1896-1980）は，知性の発達とは，これら表象と操作がそれぞれに洗練され，柔軟になっていく過程だと考えた（たとえば，Piaget & Inhelder 1966）。そして，ピアジェは，この過程を，生物が環境に合わせて体の組織を変化させていく過程，すなわち適応になぞらえて理解しようとした。

（1）適応の過程

生まれたばかりの乳児は，まるで認識力などもたないように見える。ピアジェは，人間の認識力は，乳児がもつ感覚・運動機能から徐々に発生していくと考えた。

乳児は生まれながらの最小限の感覚・運動機能を使って外界の対象に働きかける。彼らは反復的な働きかけのなかで，ある種の働きかけのパターンを獲得するようになる。ピアジェはこれをシェマ（scheme）と呼んだ。当初は掴むシェマ，握るシェマなど感覚・運動的シェマが成立していくが，のちにそれらは内化され，表象を操作する認知的シェマが成立するようになる。

それぞれのシェマは，最初は粗雑なものとして生まれ，環境への働きかけを通して徐々に洗練されていく。この過程を駆動しているのが生体の均衡へ向かう力，すなわち均衡化（equilibration）である。環境は一度成立したシェマに揺

さぶりをかける。シェマは一旦，不均衡状態に陥り，これを解消しようと内部組織を改編し，再び新たな均衡状態をつくり出すのである。

　掴むシェマを例に説明しよう。コップを掴むシェマを獲得した子どもは，さまざまなコップ状のものを掴めるようになる。しかし，その動作では，細長いスプーンはうまく掴めず，手からこぼれ落ちてしまう。ここに，掴むシェマと新たな環境（スプーン）との間に葛藤が起こり，子どもはそれに適応しようとスプーンへの働きかけを繰り返す。この活動を同化（assimilation）と呼ぶ。その活動に応じて，シェマは徐々にパターンを変化させ，最終的にはより洗練された掴むシェマが成立し新たな均衡状態が成立する。シェマのこの変化の過程を調節（accommodation）という。

　いま感覚・運動的シェマの例をあげたが，それが内化された認知的シェマでも同様である。主体による能動的な環境への働きかけと，それによって生まれる葛藤が認知的シェマを洗練させていく。ピアジェは認知的シェマが，最終的には，逆換操作や相補操作など論理演算に必要な操作群へと収斂し，抽象的な事態の問題解決が可能になると考えた。

　ピアジェの認知発達理論は構成主義（constructivism）と呼ばれる。それは，知性の仕組みとして構造体（シェマ）を措定し，その構造体の変化が主体の能動的な活動，すなわち構成活動によって生じるとするためである。

　ピアジェは，知性は，4つの質的に異なる段階を経て変化していくとした。以下では，この4つの段階ごとに知性の発達の過程を説明していく。

（2）感覚運動期（誕生～2歳頃）

　生まれたばかりの乳児は，原始反射（primitive reflex）と呼ばれる一連の反応様式を有している。これは特定の刺激に対する生得的かつ自動的な反応のことである。この原始反射が元となり，最初のシェマが発生する。

　吸啜反射を例に説明しよう。吸啜反射とは，乳児の口元に乳首を当てると自動的に吸う反応が生じるものである。吸う反応は最初，乳首に限定されているが，徐々に形状の異なる親指などにも適用されていく。吸啜反射が「吸う

シェマ」となり，同化と調節を繰り返すなかで，吸う対象を広げていくのである。吸うシェマは，こうして食物を得るという目的だけでなく，対象の形や質感などを認識する手段となっていく。

身体が成熟してくるに応じて，掴む，引くなどの種々のシェマが生まれてくる。そしてこれらは，リズミカルに同じ動作を反復する循環反応（circular response）のなかで洗練され，組み合わされ，複合的なシェマを形成していく。複合化されたシェマが，「遠くの物を引き寄せる」などの問題解決の構成要素となる。これらの感覚・運動的シェマによる問題解決能力をピアジェは感覚・運動的知能（sensori-motor intelligence）と呼んだ。

ピアジェは感覚・運動期の始め（生後 9 カ月頃まで），人間には表象がないとした。この時期の乳児の目の前に，好きな玩具を置き，乳児が手を伸ばそうとした瞬間に，布をかぶせてみる。この時期の乳児はその布を取り除いて下を見ようとしない。ピアジェは，この現象を乳児が布の下を想像する，すなわち表象を思い浮かべることができないためだと考えた。これを対象の永続性（object permanence）の欠如と呼ぶ。これは「対象が目の前になくても，永続的に存在しつづけるという認識」という意味である。

対象の永続性は次のように獲得される。たとえば，おしゃぶりは，吸うシェマの対象でしかないときには，乳児には身体の延長のように認識されている。それが，掴むシェマ，見るシェマなどさまざまなシェマの対象となるなかで，客観化され，自身の身体から独立した物体として認識されるようになる。これを基盤として萌芽的な表象が生まれる。明確な表象が確立するのは生後 18 カ月頃だとされている。

表象が確立していくにつれて，それを基盤とした象徴機能（symbolic function）が発生してくる。その表れが象徴遊び（ごっこ遊び）である。象徴遊びは車を積み木で表すなど，現実の対象（指示対象）を別のもの（象徴体）で表す遊びである。これは双方が心内で結合されている状態である。つまり，両者が表象化されて初めて可能になる遊びである。この象徴機能が成熟した先に言語がある。犬という対象をイヌという音で表す行為は象徴行為に他ならない。そ

のため，象徴機能の発生と期を同じくして急速な言語獲得が起こる。

（3）前操作期（2～7歳頃）

　この時期，子どもは表象を用いて思考をすることができる。先に述べた感覚・運動的知能に対してこれを表象的思考（representational thinking）いう。これは，感覚・運動的知能における「結合する」「分離する」「順序付ける」などの感覚・運動的シェマが内化され，認知的表象となった思考システムである。ただし，この時期の表象的思考は前操作的である。すなわち操作性が低い。

　第一に非可逆的である。心的な操作は一方向のみに働き，その逆を実行することができない。たとえば，この時期の子どもは母親と父親から「両親」が成り立つこと（結合）は理解できた場合でも，その事実から逆に両親を母親と父親に分けること（分離）には困難がある。

　この非可逆性が障壁となって「保存の概念」の獲得に困難がある。保存の概念とは，対象の量，数，重さなどの属性が対象の見た目の変化とは独立であることの理解である。対象の永続性に続く，対象概念の重要な要素である。ピアジェは図2.3のような実験を行い，このことを確かめた。ピアジェは，前操作期の子どもがこの課題に失敗するのは，今注ぎ入れた水を，心内で元のコップに戻すという逆の操作をすることができないためだと説明した。

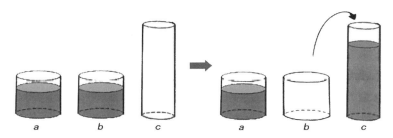

図2.3　ピアジェの液量保存の課題　同じ形・大きさをもった透明な容器a, bに飲み物を入れ，子どもに「aとbどちらかが多いか」と尋ねる。子どもは「両方同じ」と答える。このようにして両者の量が等しいことを確認したうえで，bを細長い容器cに入れる。そして再び子どもに「aとcのどちらが多いか」と尋ねる。4～5歳くらいまでの幼児は「cのほうが多い」と答える。

この時期の表象的思考の第二の限界は，中心化（centration）である。中心化とは，物事の一部の側面に注意が集中して全体を捉えることに困難がある傾向のことである。とくに幼児期は自分の活動に視点が集中しているので，自己の活動を中心に物事を認識する傾向がある。このことを自己中心性（egocentrism）と呼ぶ。自己中心性は，ピアジェが考案した3つ山

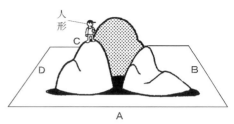

図2.4　ピアジェの3つ山課題（Piaget & Inhelder 1956）　図のような模型のAの位置に子どもを座らせ，CやDの位置に人形を置き，人形から山がどのように見えるか尋ねる（該当する絵を選択させる）。前操作期の子どもは適切に解答することができない。

課題によって確認することができる（図2.4）。この時期の幼児が，かくれんぼ遊びのときに頭だけ隠して隠れた気になったり，会話のなかで，相手の知識を無視した話題を話したりするのは自己中心性の現れである。

（4）具体的操作期（7〜12歳頃）

　この時期，前操作期の限界であった操作の非可逆性が克服され，中心化からも脱却する（脱中心化（decentering））。このことにより，保存の概念が獲得され，対象に対してより豊かな認識をもつようになる。

　また，具体物を対象にした場合には，種々の論理操作が可能になってくる。この時期に獲得される重要な能力として推移推論がある。これは，AがBより大きく，BはCより大きい場合に，AはCより大きいということの理解である。ピアジェはこの理解が基盤となり，数概念，量概念が発達すると考えた。

　この原理を理解しているかは以下の方法で確かめられる。幼児に3本の異なる長さの棒ABCを用意し，A＞Bであることを示し，次にB＞Cであることを示す。そこで，AとCのどちらが長いか尋ねる。前操作期には，これに答えられないが，具体的操作期に入るとこれに正しく答えられるようになる。

（5）形式的操作期（12歳頃〜成人）

この時期，具体物でないものや，現実に存在しない事柄の関係性についても，論理的な操作を適用できる。たとえば，子どもに「仮に犬には頭が6つあるとしましょう。犬が15匹いる庭にはいくつ頭があるでしょう？」と尋ねる。これに正しく答えるには，具体的内容（犬に頭が6つあるという不可思議な事態）と形式（頭が6つが15匹）を分離し，後者のみに操作を適用しなければならない。具体的操作期以前にはこれが困難だが，形式的操作期にはこれが可能となる。つまり具体から形式を取り出し，それに操作を適用することが可能となるのである。この時期，同様の理由から，数学の記号式など純粋に形式的に表示された対象も扱えるようになる。

こうした思考法は科学的思考の基盤となるものである。ここに至り，人間は文明の基礎となる抽象的な思考を獲得するのである。

（6）ピアジェ理論の修正

現代の発達心理学者が取り組んでいる問いの大半は，ピアジェが最初に提示したものである。その意味でピアジェは発達心理学の基礎を築いたといってもよい。しかしながら，今日，新たな研究方法の開発により，ピアジェ理論は大きく修正が迫られている。以下に主に2点からまとめる。

第一に「感覚・運動から表象が発生する」というピアジェの主張である。ピアジェは，人間は誕生時には表象をもたず，感覚・運動を通してそれが徐々に形成されていくとした。先述のように，布で隠された玩具を9カ月までの乳児が探さないという現象は，その根拠だと考えられてきた。

これに対し，バイラージョン（Baillargeon 1987）は，図2.5のような実験を行い，3.5カ月の乳児でさえ，外界の物体に対する表象をもっていることを示した。これは表象が感覚・運動を通して発生するのではなく，生得的に備わっている，またはごく初期に発生することを示唆している。それでは，なぜ9カ月まで乳児は布をめくって下を探さないのだろうか。今日では，この現象は手の制御能力の未発達に起因すると考えられている（Diamond 1991）。

第2章　知性の発達　33

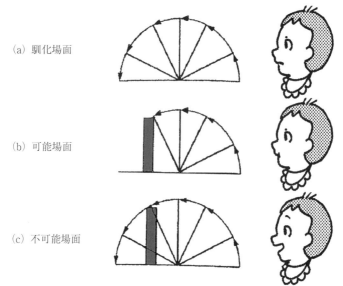

図2.5 ベイラージョンの実験で用いられた刺激（Baillargeon 1987より作成）　生後3.5〜4.5カ月の乳児の前にスクリーンを置く。このスクリーンは跳ね橋のように行ったり来たりを繰り返す（a）。乳児は次第に飽きて，注視する時間が短くなる。次にスクリーンの向こう側にブロック（実は実物ではなく鏡映像）を置きスクリーンを動かす。ただし，ここで2つの条件を設定した。第一の条件（b）では，スクリーンがブロックの上部の位置で止まり戻ってくる（つまり，物理的に当然の状況）。第二の条件（c）では，スクリーンが止まらずに反対側まで倒れる（つまり，物理的にあり得ない状況）。両条件での乳児の様子を観察したところ，（c）の条件において注視時間が再び長くなった。これは乳児が（c）の状況を「意外だ」と認識していることを示している。裏返せば，乳児がスクリーンの向こう側のブロックのことを表象している証拠と考えることができる。

　ピアジェ理論の第二の問題点は，領域普遍的な段階説である。この説に従えば，ある段階の子どもは，対象が水であれ人であれ，その段階に固有な思考様式を示すはずである。しかし実際には，この予測に反するような証拠が数多くあがっている。たとえば，従来から，保存の種別によって獲得時期が異なることが知られている（量の保存は7, 8歳頃，重さの保存は9歳頃，体積の保存は11, 12歳頃；Piaget & Inhelder　1966）。また，最近の研究では，年少の子どもでも，

特定の領域（たとえば，恐竜）に詳しい子どもは，その領域内では年長の子どものような洗練された分類や因果推論などを行うことがわかってきた（Chi, Hutchinson & Robin 1989）。

　こうした事実を受け，今日，ピアジェの領域普遍の発達段階説の代わりに知性の領域固有性（domain-specificity）を支持する領域固有説が台頭しつつある。そのなかでも有力なのは「素朴理論」を鍵概念とする理論説（Theory Theory；たとえば，Wellman & Gelman 1992）である。素朴理論とは，生活経験などを通してつくられる枠組み的知識（対象の分類原理や因果推論のための機構）である。素朴理論は対象の領域別に区分され，それぞれある程度独立して発達するとされる。なかでも中核領域とされる物理世界，心の世界，生物の世界の理論は生得的制約（innate constraints）通して早期に獲得されるとする（制約については第1章参照）。

　生得的制約とは探索範囲を狭める認知的な傾向のことである。世界は情報に溢れているので，「狭める」ことはむしろ乳児が素早く知識を獲得するのを助ける。生物の素朴理論の例でいえば，1歳以下の乳児でも，種々の物体を「自ら動くか他から力が加わって動くか」という点で区別しているとされる（Poulin-Dubois & Schulz 1990）。この制約により，対象の「生物と無生物の区別」という生物の素朴概念の最も基礎的な知識が素早く獲得されるのである。

　素朴理論は，幼児期の間にも，生活経験のなかで大きくその枠組み自体が更新される。最も研究が盛んな「素朴心理学（心の理論）」を例にその様相をみてみよう。素朴心理学とは，他者の心の働きに関する理論である。ウェルマンら（Wellman & Woolley 1990）は，成熟した成人の素朴心理学の中核には信念—願望推論という機構があるとした。たとえば，私たちはAさんがリンゴに手を伸ばした場面を見て「Aさんはリンゴを食べたいのだろう」と考える。これは素朴心理学のなかに願望→行動という推論機構があるためである。また，Aさんがリンゴの模型に手を伸ばすのを見て「リンゴだと思ったのだろう」と考える。これは，素朴心理学のなかに信念（思い込み）→行動という推論機構があるためである。つまり，人間は他者の行動に対して「願望」や「信念」

を原因と見なす因果推論の機構をもっていると考えられる。

　この信念－願望推論は最初から完成した形で人間に備わっているのではない。3歳頃までの子どもは，他者の行動をもっぱら願望の観点，つまり「○○したいから」という観点で理解している。実際，誤信念課題（図2.6）を実施してみると，この頃の子どもは他者が信念（この場合は誤った信念）に基づいて行動することが理解できず4歳頃に信念に基づいた行動を理解するようになる。

　領域固有説は，近年関心が高まった発達障害の知見とも整合性をもつ（第8章参照）。発達障害児は，一部の知性領域にのみ困難をもつが，このことをピアジェの領域普遍説で説明することは困難で

図2.6　誤信念課題（Frith　1989より作成）　子どもに人形を使って上記の状況を提示し，サリーがビー玉を探す場所がどこか尋ねると，3歳児は「箱の中」と答える。つまりサリーが「ビー玉はカゴの中にある」という誤った信念に基づき行動することが理解できていないのである。4～5歳頃になると正しく「カゴの中」と答えることができるようになる。

ある。領域固有説においては，一部の領域において知識獲得が遅れることや，逆に一部が突出して発達する事態をうまく説明しうる。たとえば，自閉スペクトラム症は，素朴心理学の発達の遅れが原因だとする説が一定の支持を得ている（Baron-Cohen　1995）。

　以上，ピアジェ理論に対する主要な2点の批判をみてきたが，最後に，今日でもピアジェ理論が継承されている点を強調しておきたい。第一に，知性の発達を「表象と操作性の発達」と見なす点である。現代の理論は表象の生得性を認めながらも，乳児期の表象はあくまで原初的なものであるとする。その表象

が発達に伴い汎用的・可動的となっていくという考え方はピアジェと共通する（たとえば，Karmiloff-Smith 1992）。第二に構成主義である（第9章参照）。領域固有説においても，知性の発達を駆動するのは，能動的な主体による構成活動だと見なすのが主流である（たとえば，Hatano & Inagaki 2000）。

3 ヴィゴツキーの文化的−歴史的理論

　ヴィゴツキー（Vygotsky, L.S. 1896-1934）は1896年に当時ソヴィエト連邦の一部であったベラルーシに生まれ，わずか37歳でこの世を去った。彼が若くして提唱した理論は，欧米では長い間十分に知られてこなかったが，1980年代にその理論が北米で紹介されると，瞬く間に評判を呼び，今日，ピアジェと並んで新たな発達理論の柱となっている。それはヴィゴツキーの理論がピアジェとはまったく異なる発想をもっていたためである。

　ヴィゴツキーの理論は「文化的−歴史的理論」と呼ばれる。なぜ，個人の認識機構の発達に文化や歴史が関係するのだろうか。今，1つの例を考えてみよう。あなたは買い物をしているところである。手元には300円しかないが，目当てのパンとチーズを買えば足りなくなってしまう。あなたは「パン150円とチーズ200円を足すと350円だから…今日は食パンを小さいサイズにして100円のものにしよう」などと頭の中で考えるだろう（実際は意識のなかでは「150，200，…，100。仕方ない…」程度の圧縮された表現になっているだろうが）。

　このように，私たちの思考には，ほとんど常に「言葉」が伴う。この点こそ，ヴィゴツキーが着目した事実である。ここで重要な点は，この「言葉」は個人が生み出したものではないということである。上記の例でいえば，300や200や，足すという言葉は，「十進法」や「計算」という人類の知の営みが結晶されたものである。つまり，私たちは言葉を使って考えることで，自ずと先人たちの物の見方・考え方を通して世界を切り分け，考えているのである。

　ヴィゴツキーの理論は人の心が文化や歴史が織りなす「意味」から構成されるとする。これは，人間の心の発達を，生物の自然環境への適応過程になぞらえて描き出すピアジェの理論と対比をなす。ヴィゴツキーの理論を受け入れる

第2章　知性の発達　37

ならば，人の心は普遍的ではなく，時代や地域によって異なりうることになる。

（1）言葉が心理的道具になる過程

　子どもは生まれた直後から，泣き声などを通して周囲に意志を伝える。また生後12カ月頃から単語単位で言葉を話しはじめる。これらも「言語」といっていいかもしれない。

　それでは，幼児はこれらを使って思考をしているのだろうか。そうではないだろう。これらの「言語」は周囲の注意を引き，要求を叶えてもらうための道具にすぎない。ヴィゴツキーは下記のように述べている。

　　「一定の時期までは，思考とことばは，相互に独立した異なる発達路線に沿って進む。（中略）一定の時点で2つの路線は交叉し，それ以後は思考は言語的となり，ことばは知性的となる。」（ヴィゴツキー　2001：p. 129）

　つまり，言語は，最初はもっぱらコミュニケーションのための道具として子どもに備わり（これを社会的言語という），それがのちに自らの行動や表象を制御する思考の道具へと転化されていくのである。

　この移行の過程を観察することができる。3歳頃から形のうえでは外に向けられていても，機能的には自分を制御する言葉が観察されるようになる。この時期の幼児が何かに熱中している様子を観察してみよう。すると，彼らが「ここをこうして…」などと独り言を発していることに気づくだろう。これらは，他者に向けられたものではなく，自分に向けられたものである。まさにコミュニケーションの道具が，思考の道具に変わりつつある過渡期の言葉である。ヴィゴツキーはこれを自己中心的言語と呼んだ。

　この自己中心的言語は，徐々に減り，7歳頃には見られなくなる。これは，その発話が発声を失い心内で行われるようになるためである。これを内言という。まとめれば，子どもの言語は社会的言語から自己中心的言語，そして内言へと至り，思考の道具へと転化していくのである。

（2）精神間機能から精神内機能へ

　今みたように，言語は社会的な道具として生まれ，のちに心理的な道具へと転化する。ヴィゴツキーは，下記のように述べ，人間の知性の発達には「精神間機能から精神内機能へ」という法則が貫いているとしている。

　　「あらゆる高次の精神機能は，子どもの発達において二回あらわれます。最初は，集団的活動・社会的活動として，すなわち精神間機能として，二回目には個人的活動として，子どもの思考内部の方法として，すなわち精神内機能としてあらわれます。」（ヴィゴツキー　2003：pp. 21-22）

　たとえば，注意という機能について考えてみよう。騒がしい環境で何かに注意を向けるのは幼児にとってむずかしい。最初は大人の指差しや言語的な指示を必要とする。そして，いずれ，幼児自身も同様の手段を使って，他者の注意を促すことができるようになるだろう。つまり注意喚起という機能は最初精神間の機能として現れるのである。しかしながら，その行為はいずれ，幼児自身に向けられるようになる。とくに言語が媒介する場合にはその機能は強力である。ここにおいて「自分に注意喚起する」，すなわち自己制御という新たな精神内機能が現れるのである。

　こうして，人間に自然に備わった注意，記憶，論理といった機能は，自分に向けられた行為，とくに言語によって，意図的に制御可能な新たな機能として改編されるのである。これをヴィゴツキーは高次精神機能と呼んでいる。

（3）発達の最近接領域

　ヴィゴツキーは，晩年，精神間から精神内へという移行の過程をより詳細に検討しようとした。その過程を担うものとして提唱されたのが「発達の最近接領域」である。

　子どもには独りでもできる水準と，大人と共同なら（大人が手本を示したり，注意喚起したりすれば）できる水準がある。私たちは前者の個人差に注目しがちであるが，後者にも大きな個人差がある。つまり，前者と後者の差分が大きい子どももいれば，小さい子どももいるのである。ヴィゴツキーはこの「差

第2章　知性の発達　39

分」の領域を発達の最近接領域と名付け，下記のように述べた。

「われわれの研究は，ある年齢のある段階で発達の最近接領域にあるもの
は，つぎの段階で現下の発達水準に移行し，実現するということを明瞭に示
している。言いかえるなら，子どもが今日共同でできることは，明日には独
立でできるようになる。」（ヴィゴツキー　2001：p. 302）

つまり，発達の最近接領域は，精神間機能から精神内機能への橋渡しの場と
して構想されたのである。この概念は，「発達」という現象が，子どもの主体
性と大人の主導性の両面を併せもつことを的確に表している（第6章参照）。こ
の点において，発達の原動力として，もっぱら子どもの主体性を強調したピア
ジェの理論と際立つ対比を成している。

（4）ヴィゴツキーの理論の発展と継承

先述のように，1980年代以降，北米でヴィゴツキーの再評価が起こり，発
達研究の新たな潮流をつくり出した。この潮流はヴィゴツキー理論を拡張しな
がら，さまざまな支流を生み出している。以下にこの支流を2点からまとめる。

第一に言語以外の道具・他者の役割の強調という方向性である。本節の冒頭
では，買い物場面の簡単な暗算を例にあげたが，たとえば，これが会社の予算
策定の場面だったらどうだろうか。多くの場合は，筆算をしたり計算機を用い
たりするだろう。誰かに書記を頼んで一緒に考えるかもしれない。このとき
「計算」はすでに頭の中のものとはいえない。この知的行為は個人と道具
（紙・鉛筆や電卓），他者と組み合わさって実現された行為なのである。

この観点は，ヴィゴツキーの思想をさらに拡張する必要性を示している。
ヴィゴツキーは，「言葉」という心理的道具に着目したが，人間の知的行為は
通常頭の外にある道具や他者をも含み込んで営まれているものである。この観
点は「心」を主題としてきた心理学という枠組みをも飛び越える発想をはらん
でいる。こうした見方は，総称して状況論と呼ばれている。そのなかには，人
の学習を個人の表象の変化ではなく，共同体のなかでの役割の変化として捉え
る正統的周辺参加（Lave & Wenger　1991）や，認知が道具や他者に分かちも

たれて実現されるとする社会的分散認知（Hutchins　1993）などがある。

　ヴィゴツキー理論の第二の発展の流れは，ヴィゴツキーの提唱した概念の詳細化，あるいは現代的解釈という方向性である。ブルーナーと共同研究者のウッド（Wood, Bruner & Ross　1976）は，3〜5歳の幼児が積み木を組み立てる際の大人の働きかけを観察し，そこに「特定の対象に注意を向けさせる」「工程数を減らすなどして問題を単純化する」などの働きかけがあることを見いだし，これを工事における足場を組む作業になぞらえて足場掛け（足場づくり：scaffolding）と名付けた（第6章参照）。これは，ヴィゴツキーが詳細化しなかった，発達の最近接領域における大人の具体的な働きかけを概念化したものといえる。

　また，波多野・稲垣（2005）は，「制約された構成主義」という理論で，ピアジェの構成主義とヴィゴツキーの理論の接合を試みている。制約とは，先述のように「探索範囲を狭める枠組み」であり，前節では乳児が生得的制約によって中核的な諸概念を素早く獲得する様相を説明した。波多野らは，同様に大人の指差しや手助けといった社会的な働きかけ，さらには文化によって獲得された知識も，探索範囲を狭める制約，すなわち社会文化的制約と見なすことができるとした。この理論は「能動的に環境を探索する個人」というピアジェ流の個人を縦糸に，「制約」という概念を横糸にして，ピアジェ理論，生得主義そしてヴィゴツキーの理論を整合的につなぐことに成功している。

4　認知発達の理論が教育へ与えた影響

　以上，今日の主要な認知発達の理論をみてきた。試行錯誤説に端を発した知性の科学的研究は，少しずつ改定を重ね，人間の知性を正確に描き出すことに成功しつつある。しかしながら，人間という複雑な対象を扱う以上，1つの理論で，すべてを漏れなく記述するのは不可能である。本章で紹介した理論は，過去のものも含めて，一定の真実を含んでいると見なすのが妥当であろう。

　最後に，本章で紹介した理論が教育へ与えた影響について概説する。まず，最初に登場した試行錯誤説は，その後行動主義として厳密な学習理論に発展す

る。この理論は，課題を非常に細かい単位に分節化し，褒美を用いながら少しずつステップアップさせていく，プログラム学習に結実する（第4章参照）。

ピアジェの構成主義は，子どもの能動的な構成活動を想定する。ここでは，大人はあくまでそれを援助する立場である。この子ども観は，北米で，デューイの教育観とともに児童中心主義教育の背景となった。発見学習などがそれを具現化した教育方法である。

ヴィゴツキーの理論は，1980年代以降，北米では協同の役割を強調するものと理解され，今日の協同学習の興隆の背景となっている。ただし，実際には，日本においては，それ以前から協同学習は盛んであったので，日本においては，その伝統の再興と見なすほうが妥当かもしれない（第6章参照）。

教育方法は，知性発達の理論の変遷と常に歩みをともにしてきた。教育方法を用いる者には，その手順や手続きだけでなく，背景理論に対する深い理解も求められよう。それを欠くなら，すぐれた教育方法も，単なる小手先の技術となってしまうだろう。

深い学びのための課題

　本章の最後では発達理論の変遷が教育方法に与えた影響について述べたが，教育課程も同様に影響を受けている。ピアジェの発達段階説は「発達段階に応じた教育」をという題目を生み，今日の年齢別の教育課程の背景となっている。本章で紹介した領域固有説やヴィゴツキー派の学説からは新たにどのような教育課程が構想されうるだろうか。

引用・参考文献

ヴィゴツキー，L.S.／柴田義松訳（2001）『思考と言語（新訳版）』新読書社

ヴィゴツキー，L.S.／土井捷三・神谷栄司訳（2003）『発達の最近接領域の理論』三学出版

佐藤達哉（1996）「IQという概念の生成に関する研究ノート」『生涯学習教育研究センター年報』**1**，25-42頁

波多野誼余夫・稲垣佳世子（2005）「発達観・教育観と心理学理論」波多野誼余夫・稲垣佳世子編『発達と教育の心理学的基盤』放送大学出版会，191-200頁

Baillargeon, R.（1987）Object permanence in 3 1/2 and 4 1/2-month-old infants. *Developmental Psychology,* **23**, 655-664.

Baron-Cohen, S.（1995）*Mindblindness: an essay on autism and theory of mind.* Boston: MIT

Press/Bradford Books.

Chi, M. T. H., Hutchinson, J. E., & Robin, A. F. (1989) How inferences about novel domain-related concepts can be constrained by structured knowledge. Merrill-Palmer Quarterly, 35, 27-62.

Diamond, A. (1991) Frontal lobe involvement in cognitive changes during the first year of life. In K. R. Gibson & A. C. Petersen (Eds.), Brain maturation and cognitive development. Comparative and cross-cultural perspectives. New York: Aldine de Cruyrer.

Frith, U. (1989) *Autism: Explaining the enigma*. UK: Blackwell Ltd.

Gardner, H. (1983) *Frames of mind: The theory of Multiple intelligences*. Basic Books.

Hatano, G. & Inagaki, K. (2000) Domain-specific constraints of conceptual development. International Journal of Behavioral Development, **24**, 263-275.

Horn, J. L., & Cattell, R. B. (1966). Refinement and test of the theory of fluid and crystallized intelligence. *Journal of Educational Psychology*, **57**, 253- 270.

Hutchins, E. (1993) Learning to navigate. In S. Chaiklin & J. Lave (Eds.), *Understanding practice: Perspectives on activity and context*. Cambridge University Press.

Köhler, W. (1925) *The mentality of apes*. Harcourt Brace Jovanovich.

Lave, J. & Wenger, E. (1991) *Situated learning*. Cambridge University Press. Cambridge.

Piaget, J., & Inhelder, B. (1956) *The Child's Conception of Space*. London: Routledge & Kegan Paul.

Piaget, J. & Inhelder, B. (1966) La psychologie de l'enfant. Presses Universitaires de France. (波多野完治他訳 (1969)『新しい児童心理学』白水社)

Poulin-Dubois, D. & Shultz, T. R. (1990) Infant's concept of animacy : The distinction between social and nonsocial objects. *The Journal of Genetic Psychology*, **151**, 77-90.

Spearman, C. (1927) *The abilities of man*. New York: Macmillan.

Thorndike, E. L. (1898) Animal intelligence: An experimental study of the associative processes in animals. *Psychological Review Monograph Supplement*, 2, No. 8.

Wellman, H. M., & Gelman, S. A. (1992) Cognitive development: Foundational theories of core domains. *Annual Review of Psychology*, **43**, 337-375.

Wood, De, Bruner, J. S., & Ross, G. (1976) The role of tutoring in problem solving. *Journal of Child Psychology and Psychiatry*, **17**, 89-100.

■コラム②　知性の個人差

　学習・発達研究では，伝統的に人間が普遍的に獲得する知性の解明がめざされてきた。本章で扱ったピアジェやヴィゴツキーの理論はその代表である。しかし，知性の研究には，この流れとは別に，古くから「差異心理学（differential pychology）」と呼ばれるアプローチが存在している。これは個人差の観点から知性の本質に迫ろうとするものである。

　差異心理学による知性研究は，1905年のビネーによる知能テストの開発に端を発している（佐藤　1996）。彼は学校での学習に必要な注意力や記憶力，言葉の理解力などの項目を揃え，最初の知能テストを完成させた。このテストでは，知性は単一のものとして想定され，全体としての得点の高低が問題にされた。

　ビネーの後継者たちは，因子分析という統計学の手法を用いて，知能の単一性という問題に取り組んできた。因子分析とは，各人の点数の高低を頼りに，関連のある項目群を探し出す手法である。

　スピアマン（Spearman　1927）はこの手法を用い，知能テストの得点が課題全般に作用する因子と，各課題に特異的に作用する多数の因子から説明されることを示し，前者のことを一般知能（g），後者のことを特殊知能（s）と名付けた。その後，ホーンとキャッテル（Horn & Cattel　1966）は，一般知能はさらに新奇な問題を解く能力である流動性知能と，知識に依拠した問題を解く能力である結晶性知能という2つの因子からなることを示した。

　さらに近年，ガードナー（Gardner　1983）は，知能テストでは測定してこなかった音楽的能力や運動的能力なども知能に含めるべきだとし，知能は8つの互いに独立な能力からなるとする多重知能理論を提唱している。

　差異心理学における「知能は単一か複数か」という論争は，学習・発達研究における領域普遍性と領域固有性の論争に類似している。しかしながら，両者は必ずしも有機的に連携しているわけではない。今後，両者の知見が融合し，より整合的な理論が構築されることが期待される。

第3章

社会性の発達

　近年の学校教育の目玉の1つに，「特別の教科　道徳」の実施があげられる。これは，2015年3月の学習指導要領と学校教育法施行規則の一部改正によって，学校の教育活動全体を通じて行う道徳教育の要として，教科としての導入が決まったものである。それでは，道徳性の基盤となる人間の社会性はどのようなもので，どのようなプロセスを経て発達するのであろうか。本章では，社会性の発達について見ていくことにしよう。

1　他者の心の理解と社会性のめばえ

（1）他者視点の取得

　ピアジェは，前操作期（2～7歳頃）の子どもの特徴として，自己中心性をあげている。これは，自分自身の立場だけから世界を見て，他者の視点から物事を捉えない傾向のことをさす（ピアジェの発達段階は第2章参照）。

　ピアジェは，自己中心性の存在を「3つの山課題」によって紹介している。この課題では，形と大きさのちがう3つの山の立体模型を子どもに見せる。その後，子どもが見ている位置とは別のところに人形が置かれ，その人形（他者）の位置から見える眺めの絵を何枚かの候補から選択させる。すると，前操作期の子どもは「自分自身の見え」と「他者の見え」を区別できず，自分の位置から見える眺めの絵を選ぶ傾向が強い。しかし，具体的操作期（7～12歳頃）になると，脱中心化（自己中心性から脱却すること）によって，他者の視点から物事を捉えるようになり，3つの山課題にも正答できるようになる。

　このように，ピアジェの知見からは，他者の視点を意識（視点取得）できるようになるのが，幼児期から児童期の変わり目の頃（6～7歳頃）ということ

45

になる。しかし，他者の視点や心的状態を理解する様子は，もっと年少からさまざまな形でみられる。たとえば，赤ちゃんは何かを見つけると，それを知らない母親にその対象を指さしする。逆に，母親が何かを指させば，その方向に赤ちゃんも視線を向ける。このことからも，赤ちゃんは他者の心的状態（この例では，母親が「知っている／知らない」こと，あるいは，母親が注意を向けていること）に反応し，行動していることがわかるだろう。それでは，赤ちゃんの時期にどのような社会性がみられ，発達していくのであろうか。

（2）社会性のめばえ

顔は対人認知の基礎であり，他者の気持ちを知るうえで最大の手がかりになるが，すでに乳児は人間の顔を好む。これを巧みな実験によって示したのがファンツ（Fantz 1961）である。ファンツは，人間の顔や文字，標的などさまざまな刺激から2つを組み合わせ，乳児に見せたところ，生後の早い時期から人間の顔を最も注視することを明らかにした[1]。さらに乳児は，目・鼻・口などの配置にも敏感である。同じ情報量（パーツが同じ）でも，顔とは違う配置に並べたものより，顔に近い形に並べたものに強い関心を示す（Johnson *et al.* 1991）。赤ちゃんの視力は低いことから，顔の認識にとって，配置に敏感であることは重要な意味をもつ。

他者の顔ではなく，行動への反応はどうであろうか。生後6カ月頃にはすでに，ポジティブな行動とネガティブな行動を区別し，社会的評価ができることも知られている（Hamlin *et al.* 2007）。たとえば，丘に登ろうとする動きの●

丘に登ろうとしている者●を
援助者▲が押して助ける

丘に登ろうとしている者●を
妨害者■が押し戻す

図3.1　乳児の社会的評価を調べる実験（Hamlin *et al.* 2007）

を▲が押し上げて「援助」する場合と，丘に登ろうとする動きの●を■が押し戻して「妨害」する場合，乳児は明らかに援助するもの（この例では，■より▲）を好む（選択する）のである（図3.1）。

（3）三項関係と共同注意

　ここまでは「他者と自分」といった2つの間の関係（二項関係）であった。対象について，他者と一緒にかかわるためには，「他者と自分と対象」の3つの間の関係（三項関係）が重要であり，これは共同注意によって可能になる。共同注意とは，母親が犬を指さして，「あっ，ワンワン（あるいは，イヌ）だね」と言うと，子どももそちらに視線を向け，「犬」という対象に同時に注意を向けるときのように，ある対象に対する注意を他者と共有することをさす。

　三項関係と共同注意の成立は，生後9カ月頃からできるようになる。二項関係では，子どもは自分の見方に依存したままで，自分と他者の認識が一致しているのか，それとも異なっているのかに気づくことができない。三項関係へ発達することで初めて，他者と対象に同時に注意を払えるようになる。その結果，援助といった行動も生まれる（コラム③参照）。また，共同注意は，言葉の発達にも欠かせない。大人が示した対象に子どもが自然に注意を向けたり，逆に子どもが見ている対象に大人が自然に注意を向けたりできるからこそ，その対象を示す言葉（上の例では，犬を見て，「ワンワン（あるいは，イヌ）」という言葉）を次々と覚えていける。このように共同注意は，社会性やコミュニケーションの発達にとって決定的に重要である。

（4）感情の表出と感情の理解

　感情の表出については，喜び，怒り，悲しみ，恐れ，驚きといった感情は，原初的感情とされ，生後6,7カ月頃までに出揃う。1歳半頃から，子どもはしだいに自己を客体的に捉える（外側から見た自己をイメージする）ようになり，照れといった感情が生じるようになる。さらに，誇り，恥といった感情は，自分の行動が他者にどう感じられるかを意識できて生じる感情であり，2〜3歳

第3章　社会性の発達　47

頃を過ぎて生まれる（Lewis　1992）。

　感情の理解については，2～3歳頃までに発達が進み，「うれしい」「悲し
い」といった感情語も扱えるようになる。たとえば，感情語に対応した表情の
絵や写真を選択させる実験では，3歳頃までに偶然以上の確率で適切なものを
選ぶようになる（久保　2008）。さらに，感情が生じる理由についての理解も進
む。3歳児でも，喜びの理由は望ましい状態を達成できたからで，悲しみや怒
りの理由は望ましくない状態を避けられなかったからと考える（Stein & Levine
1989）。感情の理解の発達はその後も続き，児童期にかけて，罪悪感などさま
ざまな感情の理解へと分化するとともに，「恥ずかしいけれど嬉しい」といっ
た複数の感情が混じった複雑な状態の理解も進み，急速に発達が進んでいく。

（5）欲求や信念の理解

　2～3歳頃には，感情だけでなく，「…したい」といった意図や欲求にかか
わる心的状態についての言葉を言うようになる。さらに，4歳頃までに「知っ
ている／知らない」（知識状態），「思っている」（信念）といった心的状態につ
いての言葉も発話するようになる。すなわち，自分や他者の行動をこうした心
的状態を表すことばを用いて把握するようになっていく。このように，心的状
態を付与して人の行動を理解する体系のことを心の理論（theory of mind）と呼
ぶ（Premack & Woodruff　1978）。

　心的状態の理解は，一時に発達するわけではない。意図や欲求や感情の理解
がまずあって，しだいに知識や信念の理解が発達していく（Wellman　1990）。
さらに，立場によって信念が異なることもある（物が移動するのを見ていた人と
見ていなかった人では，その物が今あると思っている場所にちがいが生まれる）こ
とも理解するようになる。この状況の理解を問う課題が誤信念課題（false be-
lief task）である。

（6）誤信念課題

　標準的な誤信念課題は次のような手続きを踏む（第2章の図2.6参照）。たと

えば，サリーがビー玉をカゴに入れて出かけている間に，アンが箱に入れかえたとする。戻ってきたサリーが「どこを探すかな？」と聞くと，3歳頃までの子どもはビー玉が今存在している「箱」と答えることが多いが，4～5歳頃からサリーの立場で考え，「誤って思っている」（＝誤信念）場所の「カゴ」と答えるようになる（Wimmer & Perner 1983；Wellman *et al.* 2001）。このように標準的な誤信念課題に正答できるようになるのは，幼児期の4～5歳頃からである。心の理論をもつかどうかは，誤信念課題の正誤によって判定することが一般的である。そこで，心の理論は4～5歳頃に獲得されるという考え方が定着している。

　心の理論の発達により，立場によって信念がちがえば，感情も異なることも理解できるようになる。たとえば，ポッキーが好きな人は，ポッキーの箱の中身が木の枝にすり替えられていることを知らなければ，ポッキーの箱を見て喜ぶが，実際の中身が木の枝だと知ったら落胆するであろうことを，4～6歳頃にかけて理解できるようになる（Harris *et al.* 1989；久保 2008）。このように幼児期の終わり頃には，欲求から信念，感情に至るまでの心の状態の基本的なつながりを理解でき，他者の心の理解が体系的なものになる。

　ただし，意図や欲求のみならず，誤信念の理解についても近年ではもっと年少の乳児期から理解している様子が知られている。標準的な誤信念課題では，言葉のやりとりで子どもの誤信念の理解を調べるが，乳児向けの誤信念課題では，言葉ではなく，注視を測定することで誤信念の理解を調べる。期待違反法を使った研究では，物の移動を見ていない人物が，知らないはずなのに，（最初にあったところでなく）今存在しているところを選択しそうな場面を見せると，生後1歳半の乳児が驚いたかのように注視した（Onishi & Baillargeon 2005）。このように，他者の心の理解は，乳児期にもすでにさまざまな形でみられることから，心の理論はしだいに発達していくものと考えられる。乳児期の心の理論は潜在的で，「自動的に反応する」ものであるのに対して，幼児期以降の心の理論は顕在的で，「意識的にコントロールする」ものともいえるだろう。

（7）実行機能の発達

この意識的なコントロールを支える大切な機能が実行機能（executive function）である。実行機能とは，目標に向けて注意や行動を制御する能力（森口2008）をさし，大人を対象にした研究から，抑制，認知的柔軟性，更新といった要素に分けられることが知られている（Miyake *et al.* 2000）。

抑制とは，その状況で優位な行動や思考を抑える能力である。たとえば，子どもの目の前においしそうなマシュマロを1つ置いて，実験者が「戻ってくるまで待てたら，マシュマロを2つあげるよ」と言って，その場を離れると，3歳頃までは待つのがむずかしい。あとで多くの利益（倍のマシュマロ）が得られるにもかかわらず，目の前のマシュマロを食べてしまう。認知的柔軟性とは，ある次元から別の次元へ思考や反応を柔軟に切り替える能力である。たとえば，形と色で組み合わせられた刺激に対して，形で分類するルールから，色で分類するルールに変えたときへの反応を調べると，3歳頃までは最初のルール（この場合，形で分類するルール）に固執しがちである。更新とは，ワーキングメモリに保持される情報を監視し，新しくしていく能力とされる。ふだんの生活で，次々に入ってくる情報をうまく取捨選択することが不可欠であるが，幼児にはまだむずかしい。

このように，実行機能の各要素は，どれも日常生活を柔軟に過ごしていくうえで不可欠であり，その発達が心の理論の発達と同様に，4～5歳頃に進む。実際に，両者の課題の成績は関連することも明らかになっている（e.g. Carlson & Moses, 2001）。情報を更新しつつ，優勢な反応を抑制して他の適切な反応をするということは，誤信念課題にも共通する（登場人物や物の場所が入れ替わるお話を聞きながら，物が今存在して目立つ「箱」でなく「カゴ」と答える）。ただし，幼児期には大人ほど明確に3つの要素に分けられるわけではなく，実行機能という1つのまとまりで見るべきだという知見も存在する。

2 道徳性と共感

（1）道徳性の発達

心の理論をもつことが，社会性を身につけたことを意味するわけではない。社会で生きていくうえでは，規範，とくに道徳性を身につけなければならない。

道徳性を考えるうえで重要なことは，道徳が私たちの守るべき社会的ルールの1つだということである。社会的領域理論（Turiel 1989）では，社会的ルールは3つの異なる領域に分けられる。第一は道徳領域で，これは正義の概念が構成の基盤となっており，社会や文化を超えて普遍的である。たとえば，人を傷つけたり，正当な理由なしに分配を不公平にしたりするのは，どの社会でも許されない。第二は慣習領域で，これは社会の組織についての概念が構成の基盤となっており，所属する集団や社会や文化によって変わりうる。たとえば，私たち日本人はごはんを手づかみで食べることをマナー違反に感じるが，インドなどでは手づかみで食べることこそが正統となる。第三は，心理領域（自己管理／個人）で，これは個人の自由や意志に関する概念が構成の基盤となっている。行動の影響が自分だけであり，道徳や慣習に規定されるものではないことに特徴がある。たとえば，安全，健康に関係した行為でルールを決めている場合が相当する。このうち，道徳と慣習の区別は，幼児期にはある程度できていることが知られている（Smetana 1981）。

子どもの道徳的判断の発達を初めて体系的に調べたのがピアジェである。ピアジェは，次のような2つのお話を子どもたちに聞かせた（Piaget 1932）。

①男の子が，ドアの後ろにコップがあるのを知らないままドアを開けてコップを15個割ってしまった

②男の子が，戸棚のお菓子を盗み食いしようと，戸棚によじ登った際に，コップを1個割ってしまった

ピアジェは，7歳頃までは①のほうが悪いという判断が多く，その後の年齢では②のほうが悪いと判断し，結果論的判断（被害の大きさ）から動機論的判断（盗み食いをしようとした）へと判断基準が変わることを紹介した。このように，ピアジェは，子どもの道徳的判断が年齢とともに変化すると考えた。

第3章　社会性の発達　51

この考え方をふまえ，コールバーグは「ハインツのジレンマ」という道徳的な葛藤状況を含むお話（ハインツという主人公が，病気の妻を救うために，やむなく薬を盗むというお話）に対して，どのような理由づけをするかを考慮し，3水準6段階からなる道徳性の発達段階を提唱した（Kohlberg　1969）。そこでは，はじめは「盗んだら罰せられるから」といった罰を避けるような前慣習的水準から，「盗むのは犯罪だから」といった社会的ルールを意識する慣習的水準，そして「盗むのは悪いことだけれど，生きるためには正しい」といった自らが選択した道徳的価値によって判断する脱慣習的水準へと発達する（表3.1）。

　コールバーグの考え方によれば，子どもにとって自分より1段階上の人の議論にふれることで，道徳性を高めていくことができる。そこで，教育実践の場では，このような道徳的葛藤のある題材を用い，議論させるモラルジレンマ授業が行われている。このように，コールバーグの道徳性の発達段階から，理性を働かせた道徳性の発達の様子が知られている。その一方で，「（2）社会性のめばえ」で，生後6カ月頃の社会的評価の様子にふれたように，近年では直観的な道徳性の萌芽が乳児の頃からみられることがわかっている。このように，道徳は生得的なものであるとともに，学習されたものでもある（Haidt　2012）

表3.1　コールバーグの道徳性の発達段階（外山・外山，2010より引用）

I　前慣習的水準	
段階1：罰と服従への志向	罰を避け，力をもつものに服従することに価値がおかれる
段階2：報酬と取引への志向性	自分の欲求や他者の欲求を満足させることに価値がおかれる
II　慣習的水準	
段階3：対人的同調への志向性	他者から肯定されることに価値がおかれる
段階4：法と秩序への志向性	社会の構成員の1人として社会の秩序や法律を守ることに価値がおかれる
III　脱慣習的水準	
段階5：社会的契約への志向性	道徳的な価値基準が内面化されている。個人の権利や社会的公平さに価値がおかれる
段階6：普遍的倫理への志向性	人間の尊厳の尊重に価値がおかれる

ことから，生得的な部分が直観的な道徳を生み出し，理性が学習された道徳を生み出すと考えることができそうである。このような知見をふまえると，新しい学習指導要領で求められる「考え，議論する道徳」は，自動的に反応する直観的な道徳だけに左右されない学習された道徳を育み，人間らしい社会性を高めることにつながるともいえよう。

（2）共感性

道徳性と深い関連があるのが共感である。共感は，認知的共感と情動的共感に区別される（梅田　2014）。認知的共感は，他者の心の状態を頭の中で推論し，理解することである。これは，他人の気持ちを理解し，相手の立場に立ってものをみる能力が必要とされ，心の理論により可能になる。これに対して，情動的共感は，頭の中で推論するだけでなく，身体反応も伴って理解することとされる。ここで重要なことは，他者の感情が動くのをみて，「適切な反応」を引き起こすことである。バロン＝コーエン（Baron-Cohen　2003）によれば，たとえばホームレスの人の悲しみをみて，社会に対する怒りを覚えたり，相手の力になれないことに罪悪感を抱いたりするのは共感であるが，ホームレスの人の悲しみをみて，喜びを感じたり，優越感を感じたりするのは，相手の感情に対して，適切な感情を抱いたとはいえないので，共感ではないとされる。

私たちは多くの場合，悲しんでいる人をみると，自分も感情を動かし，同じように悲しいと感じ，悲しみをやわらげてあげたいという気持ちになる。このように，共感が適切に働くことで，利他的な行動や，向社会的行動（他人や集団を助けようとしたり，人々のためになることをしようとしたりする自発的な行為）が生じるようになる。

3　愛着と人間関係

（1）愛着（アタッチメント）

ここまでは子ども自身の内的要因，すなわち心の理論や実行機能，道徳性や共感の発達などを中心に社会性の発達を紹介してきた。しかし，社会性の発達

第3章　社会性の発達　53

には，養育者との関係など状況的要因も欠かせない。

　ボウルビィは，乳幼児期に養育者と十分にかかわれず母性愛の剥奪（マターナル・デプリベーション）を受けた子どもは，身体的な発育や心理的な発達が遅れ，つまずきを示すことを報告し，養育者など特定の人物との特別な情緒的結びつきである「愛着（アタッチメント：attachment）」が重要であることを明らかにした（Bowlby　1969）。ボウルビィの考え方は，ハーロウの影響を受けている。ハーロウは，社会的に孤立したアカゲザルの赤ちゃんの母性剥奪の影響を研究した。アカゲザルの赤ちゃんを，ミルクを飲めるが針金でできた心地悪い代理母親と，ミルクを飲めないが，布で覆われた心地よい代理母親のもとで過ごさせたところ，後者にしがみついている時間が長かった。このことは，接触による慰め（母性的暖かみ）が重要であることを示す。

　愛着行動には，顔を見る，声を聞くといった定位行動，接触・後追いといった接近行動，微笑・発声・泣きといった信号行動がある。ボウルビィによれば，愛着は次のような発達段階を経る。生後2,3カ月頃までは，近くにいる人全般に定位行動や信号行動を示す。3カ月頃になると，かかわってくれる人とそうではない人を識別し，前者に愛着行動を示すようになる。6カ月頃になると，かかわりの多い人のなかから1人（養育者）を愛着対象とする。養育者を安全基地（乳児が外の世界に向かう際に，恐れや不安を感じる状況で，安全や安心感をもたらす活動拠点）として，まわりを探索するようになる。1歳頃には，養育者の後追いといった接近行動が見られるようになる。さらに，3歳頃になると，表象の発達により，養育者がそばにいなくても子どもは養育者をイメージとして表象することで安全基地とし，長い時間を安定した状態で過ごせるようになる。さらに，愛着は内在化し，内的作業モデル（自分は愛され手助けしてもらえる価値ある存在なのか，他者は自分の求めに応じてくれる信頼できる存在なのかという主観的確信からなる表象モデル）が形成される。

　養育者から自律していく過程で，1歳前後から身近な毛布やぬいぐるみを弄ぶことに夢中になる。そのような対象を移行対象と呼ぶ（Winnicott　1971）。移行対象は，養育者に代わる安心感を取り戻せるものとして，感覚レベルで養育

54

者の一部と感じられる触感のあるもの（例：ぬいぐるみ）が選ばれやすい。

（2）愛着の個人差

愛着には個人差が存在する。エインズワースは，その個人差を質的に測定するストレンジ・シチュエーション法を生み出した。この方法は，8つの場面によって構成され，愛着行動を活性化するために，ストレスを与えていくものである（図3.2）。養育者との分離時（④と⑥）と再会時（⑤と⑧）において，乳児が示した行動によって，次のタイプに分けられる。

A型（回避型）：養育者との分離時で苦痛を示さず，再会時も養育者を避ける。

B型（安定型）：養育者との分離時で苦痛を示し，再会時に養育者に対して身体的接触を強く求め，安心すると活動を再開する。

C型（抵抗型／両価型）：養育者との分離時で苦痛を示し，再会時では身体接触を求めるが，同時に叩くなど怒りの感情も示す。

図3.2 ストレンジ・シチュエーション法（遠藤 2004を参考に作成）

第3章 社会性の発達 55

このように，Ｂ型が安定した愛着であり，子どもと養育者の間に信頼感が形成されている。これに対して，Ａ型とＣ型は，養育者が安全基地として十分に機能しておらず，不安定な愛着とされる。近年は，３つのタイプのどれにも当てはまらず，矛盾した行動を示すＤ型（無秩序型）も生み出されている。

愛着の形成は，基本的信頼感の獲得につながり，将来的に多くの人との関係を築く基礎となる。この際，乳児の示す信号行動（微笑・発声・泣き）に対して，養育者が応答してあげることが重要である。養育者の適切な応答によって，乳児は養育者を安心して頼れる存在と感じることになる。

（３）仲間関係

子どもが成長するにつれ，幼稚園や保育所（子ども園），そして小学校へ通うようになると，対人関係に占める仲間（友だち）の比重がしだいに増大し，人間関係の枠組みが多様化する。とくに小学校中学年から高学年にかけて，同年代，同性で構成される仲間集団を結成する。これは，ギャング・グループと呼ばれる特殊な仲良しグループのことをさす。そこでは，リーダーとフォロワーの役割分担が明確であり，メンバー間の結合性が強く，秘密性に満ち，外部に対しては対立的，閉鎖的にふるまう。しかし，仲間関係は時代とともに変遷するものである。近年は，都市化の進行や塾通いなどで，遊びの空間や時間が減少していることから，典型的なギャング・グループがみられなくなってきているともいわれている。このことが，人間関係をうまく結べない子どもの増加につながっているとも考えられる。

4　自己概念とパーソナリティ

（１）自己概念

自己概念とは，自らが自己を対象（客体）として把握した概念（『心理学辞典』有斐閣参照）とされる。平たくいえば，自分の性格や能力，行動，身体的特徴などに関する自分の考えとなる。身体的な自己の認知は，鏡像を使った実験（マークテスト／ルージュテスト）から，２歳頃までに成立することが知られ

表 3.2 エリクソンによる発達段階 (坂上 2014 より引用)

段階	担当する時期	心理社会的危機	重要な関係を結ぶ範囲	心理社会的モダリティ(他者や世界に対する総体的な関わり方)
I	乳児期	基本的信頼 対 基本的不信	母親的な人物	・与えられるものを受け取ること ・お返しとして与えること
II	幼児前期	自律 対 恥,疑惑	両親的な人物	・保持する(持ち続ける) ・手放すこと
III	幼児後期	自主性 対 罪の意識	基礎家族	・つくる(追い求める) ・まねをする(遊び)
IV	児童期	勤勉 対 劣等感	近隣,学校	・物をつくる(完成させる) ・誰かと一緒に物をつくる
V	青年期	アイデンティティ 対 アイデンティティ拡散	同年代の集団・他者集団 リーダーシップのモデル	・自分自身になる ・自分自身であることを他者と分かち合う
VI	成人初期	親密と連帯 対 孤独	友情関係,セックス,競争,協働のパートナーたち	・他者の中に自分を失い(lose),見出す
VII	成人中期	世代性 対 停滞	労働における分業と家庭内における分担	・何かを存在させる ・世話をする
VIII	成人後期	統合 対 絶望	人類,私の種族	・これまで生きてきた存在の仕方を通して存在する ・存在しなくなるという事実に直面する

(出所) エリクソン,2011(Erikson, 1959)を一部改変。

ている。これは,子どもの額などにこっそり口紅などをつけて鏡の前に立たせるものである。子どもが鏡像ではなく,自分の額に手を伸ばせば,鏡像を自分自身と認識していることになる。

　自己概念がイメージとして明確になり,自己形成していくのは青年期である。

青年期は，自分の一生を左右する問題に直面し，進学や就職などの進路の問題，友人関係や異性関係，人生観や価値観の確立をする時期でもある。その過程で，「自分はどんな存在なのか」「自分には何ができるのか」といった自己意識が明確になってくる。このように，自分が自分であるという自覚のことをアイデンティティ（自我同一性）という。

　エリクソンは，アイデンティティを軸に8つの発達段階からなる発達理論を提唱した（表3.2）。各段階で，発達を方向づける心理社会的危機があり，達成されるべき発達課題と達成されないときに生じる危機の分かれ目を繰り返し経験する。これを乗り越えることで，発達の次の段階に進む。青年期の心理社会的な危機が，「アイデンティティ vs アイデンティティの拡散」である。

　アイデンティティの確立は簡単ではない。人が社会で生きていくうえで，自分の欲求とまわりの影響の狭間に立ち，さまざまな葛藤に直面する。心理社会的危機を通して，自覚的にゆるぎない自分を確立していくことをアイデンティティ達成と呼ぶが，逆に自らを見失って混乱していくことをアイデンティティ拡散と呼ぶ。マーシャは，アイデンティティの地位を4つに分類しており，上記のアイデンティティ達成とアイデンティティ拡散のほかに，早期完了とモラトリアムがある。早期完了は，自分の可能性について模索することなく，まわりの影響のもとで形成された自己を疑いなく選んでいる場合である。モラトリアムは，自分の可能性を模索しているが，その探求の過程にある場合をさす。モラトリアムとは，もとは災害や恐慌の非常事態における「支払い猶予期間」を意味する経済用語であるが，エリクソンは，この言葉を転用し，「青年が社会から責任や義務の免除を受けていること」を表現した。

　青年期は時間的展望が確立する時期でもある。時間的展望とは，将来のことを考えたり，過去のことを思い出したりして，現在の行動に影響を与える概念であり，ある時点における個人の心理的過去および心理的未来についての見解の総体のことである。過去を意味づけ，未来を構想し，現在の生活を切り開いていくことで，アイデンティティの形成につながる（都筑　1999）。

（2）パーソナリティ

　パーソナリティとは，人の，広い意味での行動（具体的な振る舞い，言語表出，思考活動，認知や判断，感情表出，嫌悪判断など）に時間的・空間的一貫性を与えているもの（『心理学辞典』有斐閣参照）と定義される。

　パーソナリティの捉え方には，大きく2つの立場がある。第一は，類型論である，これは，ある理論（基準）に基づいて，いくつかの典型的なタイプに分類することで，パーソナリティを捉えるものである。たとえば，クレッチマーは，体型を基準に，肥満型（躁うつ気質で社交的），細長型（分裂気質で非社交的），闘士型（粘着気質で生真面目）に分けた。ほかの基準として，器官の発達によるもの（シェルドン），外界とのかかわり方によるもの（ユング），価値観によるもの（シュプランガー）などが知られている（外山・外山　2010）。

　第二は，特性論である。これは，パーソナリティをさまざまな特性の集合体によると考える立場である。たとえば，私たちは，ある人（Aさん）のパーソナリティのことを，「Aさんは優しいけれど，ときどき頑固だ」といったように話すことがあるだろう。ここでの「優しい」「頑固だ」といったパーソナリティを細かく分けた1つひとつの要素を特性と呼ぶ。

　パーソナリティ特性がいくつあるのかについても，さまざまな考え方がある。アイゼンクによる内向性／外向性と神経症傾向の2つのパーソナリティ特性はよく知られている。

　近年では，「ビッグ・ファイブ」と呼ばれる5つの特性で，人間のパーソナリティを記述，説明する考え方が広まっている（表3.3）。

表3.3　ビッグ・ファイブの5つの特性（外山・外山，2010より引用）

名　称	内　容
神経症傾向（情緒不安定性）	気分の不安定さ，感情的，悩みやすい
外向性	社交的，積極的，活動的，話し好き
経験への開放性（知性）	好奇心，知識の広さ，創造的，分析的
調和性（協調性）	温かさ，親切，気前の良さ，協調的
勤勉性，誠実性	責任感，まじめさ，勤勉さ，良心性

（出典）小塩・中間（2007）および和田（1996）より作成。

このように，パーソナリティの捉え方，考え方はさまざまである。このこと
は，人間は一人ひとりにちがいがあり，個性があるということ示すものである。
教育において大切なことは，このような個性をふまえたうえで，子どもの社会
性を捉えていくことである。

深い学びのための課題

1．あなたが教師になったとして，クラスに心の理論がうまく働いていない子どもがお
　り，その子は友だちとトラブルを起こすことが頻繁にあるとしよう。あなたなら，そ
　の子の社会性を高めていくために，どのような指導を行うだろうか。
2．もし愛着がうまく形成されない場合，どのような人間に成長することになるだろう
　か？　その問題点を考えてみよう。

注
1）このように，2つの刺激を見せ，それらの注視時間の差から乳児の知覚・認知能力を調べる方法
　を選好注視法という。ほかにも乳児への実験方法として，刺激をずっと提示して，「慣れ」（馴化）
　によって注意が逸れたのちに，別の刺激を提示し，注意が回復するか（脱馴化）どうかで，刺激の
　区別能力を調べる馴化・脱馴化法や，手品のように，「ありうる事象」と「ありえない事象」を見
　せ，（期待に反する）ありえないほうを長く注視するかどうかで調べる期待違反法などがある。

引用文献
梅田聡（2014）「共感の科学」梅田聡編『岩波講座 コミュニケーションの科学2 共感』
遠藤利彦（2004）「観察法」高野陽太郎・岡隆編『心理学研究法』有斐閣
小塩真司・中間玲子（2007）『あなたとわたしはどう違う？―パーソナリティ心理学入門講義』ナカ
　ニシヤ出版
久保ゆかり（2008）「幼児期の感情」上淵寿編著『感情と動機づけの発達心理学』ナカニシヤ出版
坂上裕子（2014）「ヒトとして生まれ，人として生きる」坂上裕子・山口智子・林 創・中間玲子『問
　いから始める発達心理学』有斐閣
都筑学（1999）『大学生の時間的展望―構造モデルの心理学的検討』中央大学出版部
外山紀子・外山美樹（2010）『やさしい発達と学習』有斐閣
森口佑介（2008）「就学前期における実行機能の発達」『心理学評論』51, 447-459.
和田さゆり（1996）「性格特性を用いた Big Five 尺度の作成」『心理学研究』67, 61-67.
Baron-Cohen, S, (2003) The essential difference: Men, women and the extreme male brain.
　Penguin/Basic Books.（バロン＝コーエン, S./三宅真砂子訳（2005）『共感する女脳，システム化
　する男脳』NHK 出版）
Bowlby, J.（1969, 1971, 1973）Attachment and loss. Vol. 1-3. New York: Basic Books.（黒田実郎他訳
　（1976, 1976, 1981）『母子関係の理論』岩崎学術出版）
Carlson, S. M., & Moses, L. J.（2001） Individual differences in inhibitory control and children's theory of
　mind. *Child Development,* **72**（4）, 1032-1053.

Erikson, E. H. (1959) Identity and the Life Cycle. International Universities Press. （エリクソン，E. H. ／西平直・中島由恵訳（2011）『アイデンティティとライフサイクル』誠信書房）

Fantz, R. L.（1961）The origin of form perception. *Scientific American*, *204*, 66-72.

Haidt, J.（2012）T*he righteous mind: Why good people are divided by politics and religion.* New York: Pantheon Books. （ハイト, J.／高橋洋訳（2014）『社会はなぜ左と右にわかれるのか——対立を超えるための道徳心理学』紀伊國屋書店）

Hamlin, J. K., Wynn, K., & Bloom, P.（2007）Social evaluation by preverbal infants. *Nature*, *450*, 557-559.

Harris, P. L., Johnson, C., Hutton, D., Andrews, G., & Cooke, T.（1989）Young children's theory of mind and emotion. *Cognition and Emotion*, *3*, 379-400.

Johnson, M. H., Dziurawiec, S., Ellis, H. D., & Morton, J.（1991）Newborns' preferential tracking of face-like stimuli and its subsequent decline. *Cognition*, *40*, 1-19.

Kohlberg, L.（1969）. Stage and sequence: the cognitive-developmental approach to socialization. In D. A. Goslin（Ed.）, *Handbook of socialization theory and research*. Chicago: Rand McNally. pp. 347-480.

Lewis, M. (1997) Shame: The exposed self. New York: Free Press. （ルイス, M.／高橋惠子監修 遠藤利彦・上淵寿・坂上裕子訳（1997）『恥の心理学——傷つく自己』ミネルヴァ書房）

Liszkowski, U., M. Carpenter, & Tomasello, M.（2008）Twelve-month-olds communicate helpfully and appropriately for knowledgeable and ignorant partners. *Cognition 108*, 732-739.

Meng, X. & K. Hashiya（2014）Pointing Behavior in Infants Reflects the Communication Partner's Attentional and Knowledge States: A Possible Case of Spontaneous Informing. *PLoS ONE*, *9*, e107579.

Miyake, A., Friedman, N. P., Emerson, M. J., Witzki, A. H., Howerter, A., & Wager, T.（2000）. The unity and diversity of executive functions and their contributions to complex "frontal lobe2 tasks: A latent variable analysis. *Cognitive Psychology*, *41*, 49-100.

Onishi, K. H. & Baillargeon, R.（2005）Do 15-Month-Old Infants Understand False Beliefs? *Science*, *308*, 255-258.

Piaget, J.（1932）. *The moral judgment of the child*. New York: Free Press.

Premack, D. & Woodruff, G.（1978）Does the chimpanzee have a theory of mind? *The Behavioral and Brain Sciences*, *1*, 515-526.

Smetana, J. G.（1981）Preschool children's conceptions of moral and social rules. *Child Development*, *52*, 1333-1336.

Stein, N. L. & Levine, L. J.（1989）The causal organization of emotional knowledge: A developmental study. *Cognition and Emotion*, *3*, 343-378.

Turiel, E.（1989）Domain-specific social judgments and domain ambiguities. *Merrill-Palmer Quarterly*, *35*, 89-114.

Warneken, F. & Tomasello, M.（2006）Altruistic helping in human infants and young chimpanzees. *Science*, *311*, 1301-1303.

Wellman, H.（1990）*The Child's Theory of Mind*. Cambridge, MA: MIT Press.

Wellman, H. M., Cross, D. & Watson, J.（2001）Meta-analysis of theory-of-mind development: The truth about false belief. *Child Development*, *72*, 655-684.

Wimmer, H. & Perner, J.（1983）Beliefs about beliefs: Representation and constraining function of wrong beliefs in young children's understanding of deception. *Cognition*, *13*, 103-128.

Winnicott, D. W.（1971）*Playing and reality*. New York: Basic Books. （橋本雅雄訳（1979）『遊ぶことと現実』岩崎学術出版社）

■コラム③　自発的に教えること

　「援助」は，社会性をもつ行動の代表である。トマセロらは，乳児が早期から見知らぬ他者に援助行動を行うことを明らかにしている。たとえば，大人が荷物を両手で持っていてドアを開けられない状況でも，14〜18ヵ月の乳児はそのドアを開けてあげられる（Warneken & Tomasello 2006）。

　大人がよそ見をしている間に対象物が落ちる条件と，対象物が落ちるのを大人が見ている条件を比較した実験では，12ヵ月の乳児でも，後者より前者において，指さしをする割合が高かった（Liszkowski et al. 2008）。

　さらに，1歳前半の時点で，相手の知識状態をふまえて新しい情報を自発的に提供する様子も明らかになっている（Meng & Hashiya 2014）。この実験では，乳児が母親とおもちゃAで遊び，実験者1とおもちゃBで遊んだ。その後，実験者1が乳児と対面で座り，実験者1の背後の左右にある窓にAとBが現れると，乳児は実験者1が経験していないAのほうを指すことが多かった。どちらのおもちゃにも経験のない実験者2に対しては，指さしにこのような傾向はみられなかった。

　これらのすぐれた実験から，乳児の頃からすでに，相手が「知っている／知らないこと」を推測できること，それだけでなく，

その推測をしたうえで，他者にとって新しい未知の情報を「自発的に教える」という援助行動がみられることがわかる。さらに，指さしからもわかるように，共同注意が柔軟に成立するからこそ，これらの行動ができていることを押さえておくのも重要である。

　遺伝的に人間に一番近い動物であるチンパンジーは，とても賢く，高い能力をもつ。ところが，そのようなチンパンジーも，自発的に教えることはなく，指さしの意味がわからないことが知られている。「指さし」は，あまりにも当たり前すぎる行動のため，その意味する大切さに気づきにくい。しかし，その指さしこそが，「教える（教育）とは何か」という根源的な問いを改めて考え直す材料となるように思われる。

第4章

学習と思考

1 心理メカニズムを探る

「こまめにテストをしているのに，なかなか単語を覚えてもらえない」

「わかりやすく授業しているのに，テストの結果はあまりかんばしくない」

「生徒が主体的になるような授業をやるように言われるが，どういうやり方
をすればいいかよくわからない」

　教師の仕事の中心は，やはりなんといっても授業である。小学校はもちろん
のこと，中学校以降は教科担任制となり，教科指導の専門家として，どのよう
に授業をやるかが教師の関心事の中心となる。そのため，上記のような悩みに
いかに向き合い，そして自分なりに工夫して授業へ反映させていくのかといっ
た姿勢や意欲が教師には求められる。

　本章は，学習や思考という主に教育心理学のなかでこれまでに明らかにされ
てきた事柄を取り上げることを通して，上記のような悩みに向き合うためのい
くつかのヒントを提供する。もちろん，ここで取り上げる内容がそのまますぐ
に授業に取り入れられるとは限らない。しかし，本章で取り上げる個々の内容
を通して，日々の教育活動を「心理学的な観点から考える」ということがいか
に重要かについても併せて実感してもらいたい。

　たとえば，「詰め込み教育」という言葉が使われるときの負のイメージによ
り，暗記を強く促すことはよくないという風潮が広まっているように感じられ
る。しかし，あとにも述べるように，私たちが何らかの問題を解いたり，何か
を考えたりする際に，その人がもっている知識，つまり記憶として保持されて
いる情報が重要になってくるのは疑いようのない事実である。「詰め込み教育」
との批判は，そこで覚えさせる内容がテストのためだけに無理にため込まれ，

63

テストのときに吐き出せたかどうかだけが問われることに対してであろう。問題は「詰め込む」こと自体ではなく，どうやって詰め込まれるのか，詰め込まれた情報はどのように頭の中で整理され，そして活用されているのかといった見方ができていないことにある。そこで，まず記憶について取り上げ，「心理学的な観点から考える」ことがなぜ重要なのかについても考えていきたい。

（1）記憶の仕組み

　記憶と一口にいっても，そのプロセスを分解してみると大きく3つの段階に分けられる。それぞれ，①符号化（記銘），②保持（貯蔵），③検索（想起）である。たとえば，英語で新出単語の意味やスペルを覚えてもらいたいとする。教師は次回の授業でテストを行うので覚えてくるようにと指示を出す。子どもたちはそれを受けて自分なりのやり方で覚えようと時間を割く。どのようなやり方をしているにせよ，このときに子どもたちが行っているのが符号化である。つまり，符号化とは新しい情報を自分なりのやり方で変換しつつ覚える作業のことをさす。無事に符号化が完了し，ひとまずは覚えたとなれば，その単語が保持されたことになる。テストでは，教師の出題する問題に応じて，保持された情報が何だったのかを思い出す。これが検索である。つまり，最初の事例で「こまめにテストを行っている」というのは，検索がうまくできるかを確かめているということになる。もし，これがうまくいっていないならば，テストのやり方を変えるか，符号化の仕方に介入するなどの改善策を考える必要がある。このように，単純に記憶といっても，3つのプロセスに分解できることを認識するだけでも，教師からの働きかけの方向性を理論的に検討することができるのである。

　符号化された情報の保持については，アトキンソンら（Atkinson & Shiffrin 1971）の二重貯蔵モデル（図4.1）が広く知られている。外部にあるさまざまな情報は常に感覚器官を通じて入力されている（これを感覚記憶という）。入力された情報のうち，私たちが意識を振り向けた情報のみが短期記憶（short-term memory）へと送られる。単語を覚えようとしているときには，目的の単

64

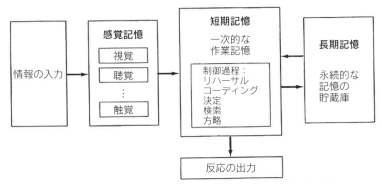

図 4.1　記憶の情報処理モデル（Atkinson & Shiffrin, 1971 を一部改変）

語以外の関係ない情報，たとえばそれが印刷された紙の形や大きさ，周囲から聞こえてくる騒音など，さまざまな情報が感覚記憶として入力されている。しかし，意識を向けるのは目的の単語であるため，単語の情報のみが短期記憶へと送られるわけである。そして，その単語を短期記憶内で符号化（図 4.1 の制御過程に対応）し，長期記憶（long-term memory）へと転送できれば，それがいわゆる「覚えた」という状態である。テストでは長期記憶を検索し，短期記憶へと目的の単語を呼び戻すことができれば解答可能となる。

　短期記憶の短期とは，短い時間（約数十秒）だけ意識下にある情報という意味を表している。容量にも制限があり，古典的な研究では 7 プラスマイナス 2 ほどの情報量しか保持できないとされている（Miller　1956）。教師の意図したような成果につながるかどうかは，短期記憶内に入った情報に対してどのような作業をさせるかが肝となる。そのため，現在では情報の保持だけでなく，保持された情報に対する処理を行っているという意味から作業記憶（ワーキングメモリ：working memory）と呼ばれることが多くなっている。では，どのような作業をするのがよいのか。これを考えるためには長期記憶の特徴を知る必要がある。

　長期記憶は，その名のとおり長期間保存される記憶のことをさしており，その容量は基本的には無限とされている。つまり，膨大な情報量が私たちの頭には保存されているわけだが，それを分類してみると，次の 2 つに分けられる。

1つは宣言的記憶と呼ばれ，ここには「Apple の日本語訳はリンゴである」「選挙権は 18 歳から与えられる」といった一般的知識に関する意味記憶と，「昨日のテストは全然できなかった」といった個人的な出来事や思い出などのエピソード記憶が含まれる。私たちが「知識」といった場合には，およそこの宣言的記憶をさしているといえるだろう。また，テストでこれは覚えている，覚えたはずだが忘れてしまったなどを自覚的に判定できるという意味で顕在的な記憶とされる。

　もう1つが手続き的記憶である。これは運動技能や段取りに関するものであり，たとえば「リンゴ」という字を解答用紙に書き込む動作は，やれば確かにできるため，記憶の1つといってよさそうだが，指をどう動かしているかを言葉でうまく説明できない。このように手続き的記憶は，ほぼ無意識に実行されているため，こちらは潜在的な記憶とされる。

　学校で実施されるテストの対象となるような記憶は意味記憶であることが多い。意味記憶の構造については，それらがネットワーク化されている姿をイメージするとよい。「リンゴ」という語を見ると，私たちの頭の中では，これと関連する「赤い」「果物」など直接的にリンゴと結びついている語だけでなく，「ミカン」などの関連する語も同時に活性化する。活性化拡散理論（Collins & Loftus　1975）によれば，意味記憶は個々の情報がばらばらに収められているわけではなく，情報の特性によって類似の情報が関連の深さにあわせて結びついているとされている。私たちは自分たちにとってなじみ深い領域の知識であれば容易に獲得できるのに対して，なじみの薄い領域だとなかなか覚えられなかったりするが，これは知識がもともとある長期記憶のネットワークのなかに組み入れやすいかどうかにかかわっていると考えれば理解できる。したがって，単語をなんとか覚えてもらいたいとなった場合には，個々の子どもがもっているはずのネットワークにどう結びつけていくのかということを考えていくとよい。これが心理学的な観点から考えるということである。

　本章では，学習と思考にかかわる内容のなかからとくに教職に就くことを想定したときに重要なものを取り上げる。本章で取り上げる内容について理解を

深めるとともに「心理学的な観点から考える」こと自体も味わってもらいたい。

（2）学習のメカニズム

　ここであらためて冒頭にあげた3つの事例をみてみると，いずれも「どうすればうまく学習させられるか」という共通の悩みに基づいていることがわかる。この悩みを解消していくためには，「私たちはどうやって学習しているのか」についての理解が必要である。とはいえ，学習にはじつはさまざまなタイプがある。たとえば目前の単語テストのために，語句などを意味記憶として定着させるための学習もあれば，新学習指導要領で指摘されるような「主体的，対話的で深い学び」もある。また，「確かな学力」の一要素として指摘される学習習慣のような日常的な振る舞いも，やはり学習によって形成されている。このように学習は多様であり，心理学では学習成果の扱い方によって複数の立場からそのメカニズムの説明がなされている。以下，2つの捉え方を紹介する。

①行動の変化

　教師にとっては子どもたちの学習習慣の形成も関心事の1つであろう。家に帰ったら宿題はもちろんのこと，できれば自分から学習を進めるようになってもらえれば本望である。このようなこれまでになかった新たな習慣や行動が，どのように成立するかを説明するのが条件づけによる学習である。条件づけによる学習を基本とする立場を行動主義と呼び，最も古くから研究が進められている。ここでは代表的なものとして，古典的条件づけ（レスポンデント条件づけ：classical conditioning）とオペラント条件づけ（道具的条件づけ：operant conditioning）を取り上げる。

　古典的条件づけとは，生まれながらに備わっている特定の行動（無条件反応）に，特定の刺激（無条件刺激）が結びつくことをさす。有名な例として「パブロフの犬」がある。犬はエサに対してよだれを出す（無条件反応）。このとき，エサと同時にベルの音（無条件刺激）を鳴らしていると，ベルの音だけでもよだれが出るようになってしまうというものである。つまり，もともとはしなかったはずの行動（ベルを聞いてよだれを出す）が，ベルの音が同時に提示（こ

れを対提示という）されているうちに形成されてしまうのである。これを連合と呼び、「刺激と反応の間に連合ができる」ことを学習とみなすのが行動主義の特徴である。なお、古典的条件づけは、次に紹介するオペラント条件づけと対比させるため、レスポンデント（応答的な）条件づけとも呼ばれる。

　いっぽう、オペラント条件づけとは、自発的に行った行動に対して、何らかの結果がフィードバックされることによって、その行動の生起頻度が変化することをさす。スキナーはオペラント条件づけによる学習を確認するため「スキナー箱」と呼ばれる装置を用いている。この装置にはレバーがついており、そのレバーを押すとエサが出てくるような仕組みとなっている。装置にネズミを入れ、しばらく観察していると、偶然ネズミがレバーを押すことがある。これは意図的な行動ではなく、偶然生じた行動だが、その行動に伴ってエサが出てくる（これを随伴するという）ことで、ネズミのレバー押し行動の頻度が増す（強化される）のである。ネズミがエサを得る手段（道具）としてレバー押し行動をするという意味で道具的条件づけとも呼ばれる。なお、特定の行動に対して与えられる結果には、ネズミにとってのエサといった報酬の場合もあれば、レバーを押したら電撃を加えるといった罰の場合もあり、これらをいずれも強化子と呼んでいる。当然のことながら、罰を与えた場合はレバー押し行動が減っていくという変化が生じることとなる。

　古典的条件づけが、人間や動物に備わっている無条件反応という特定の行動が対象になっているのに対して、オペラント条件づけはより幅広い範囲の行動を対象にしているため、意図的な働きかけとして用いられやすいものだといえる。ネズミの事例からもわかるように、動物に芸を仕込むときに使われる手法はオペラント条件づけを利用したものであり、これをシェイピング（shaping）という。また、動物に適用する事例だけでなく、人間の何気ない行動のなかにもオペラント条件づけによる学習はみられる。たとえば、家庭内において、親は子どもの行動に対してさまざまな反応をする。よい行動をすれば褒め、悪いことをすれば叱る。こうした経験を繰り返し、子どもは習慣を身につけていくわけである。もちろん学習習慣の場合、それを条件づけだけですべて説明する

のは乱暴ではあるものの，こうしたメカニズムが習慣の形成の少なくとも一部にはかかわっているのである。

　以上のように，行動の変化を説明するものとして条件づけによる学習を2つあげた。取り上げた事例が犬やネズミのようにいずれも動物であったことから，人間も含む動物にもともと備わっている行動形成のメカニズムを説明していることがわかる。教師の立場からは，この学習のメカニズムがどのように教育にかかわっているのかを見通すことが重要である。たとえば，古典的条件づけは，人間のもつ本能的な恐れなどの感情や生理的な反応が，本来は無関係な何かと結びついてしまうことの説明にも利用される。不登校で苦しんでいる子どものなかには，「学校へ行く」ということと，「生理的な反応（腹痛）」が結びついてしまい，本人の意志だけでは解決するのがむずかしくなってしまっているという可能性もある。もしそうだとすれば，逆に古典的条件づけを利用した復帰の方法を考えることが望まれる。実際，条件づけによる学習を利用した恐怖症などの治療法として，系統的脱感作[1]といった方法が用いられている。

　また，オペラント条件づけは基本的には望ましい行動に対して報酬を与え，望ましくない行動には罰を与えるという方向で何気なく用いられることが多い。しかし，望ましい行動と望ましくない行動には相反する関係があることを考えると，新たな指導のやり方がみえてくることもある。たとえば，学校で望ましくない行動（授業で騒ぐ）をとっている子どもに対して，教師は注意（罰）を与えることが多い。これがうまくいかない場合，さらに強い罰を与えるという対処の方向も考えられるが，逆に望ましい行動（授業に集中している）に対して報酬を与えることで，問題行動が出てくる機会を減らしていくのも1つの方法である。このように学習のメカニズムにどのようなものがあるかを理解するだけでなく，どう実践とかかわってくるのかを考えることが柔軟な指導の実現につながるのである。

②知識の獲得

　条件づけによる学習は，人間の行動の基盤を形成するものでもあるため，教育場面で応用可能なものも多い。しかし，それだけですべての学習を説明可能

であるかといえば，教師が日々実践している授業や生徒の学習行為とのつながりがみえにくいようにも感じられるかもしれない。その原因の1つは，私たちが単純な刺激に対して反応しているだけでなく，頭の中でいろいろと考えながら行為を選択しているからであろう。ある行為をしたあとに報酬をもらえばたしかにうれしいが，その結果，その行為の生起頻度が本当に増すかといえば，ことはそれほど単純でもないだろう。ましてや冒頭の例にあるように「わかりやすく説明しているのに，なかなか理解してもらえない」という悩みは，いくら報酬や罰を工夫したとしても改善しないだろう。この問題に向き合うためには，頭の中で何が行われているかに焦点を当てる必要がある。これに取り組んだのが，20世紀半ば以降に成立した認知心理学である。

　認知心理学では，人の情報処理過程をコンピューターとの比較で検討する。具体的には，入力された刺激（情報）に対して，頭の中で何が行われ，その結果どのような出力（反応）が生み出されるのかを探る。認知心理学の登場によって，頭の中で行われている処理に焦点が当てられ，とくにその構造やはたらき，すなわち知識の特徴や知識が活用されるプロセスの検討が進められるようになった。前節で述べた記憶の仕組みもこの流れに位置づけられ，記憶にかかわる頭の中の処理過程を示したものが二重貯蔵モデルである。認知心理学において学習とは，「経験の結果新たな知識が獲得されることで行動が変化する」となり，知識の獲得こそが学習の鍵となった。

　では，認知心理学の知見によって何がいえるようになったのだろうか。単純な単語や文の記憶であったとしても，作業記憶に入力された情報をどう処理するかが肝となることは先に述べた。たとえば，英単語を覚えようと思ったときに，ノートに同じ単語を10回ひたすら書くよりも，その単語を発音したり，接頭語や接尾語の意味や例文なども一緒に覚えたほうがよいといわれる。これは，入力された情報に対する手がかりを多く残すためにいかに深い処理をするかということを意図している。同じ時間を使って覚える努力をしていたとしても，処理の深さによって記憶成績は異なってくるからである。クレイクら（Craik & Lockhart　1972）はこうした処理の深さによって記憶が影響を受ける

ことを処理水準モデルとして提示し，さまざまなデータを対象にその妥当性を示している。

しかし，これでもまだ「なかなか理解してもらえない」という悩みの解決には至らない。たしかに学校で行われるテストでは，単語や用語の記憶を直接確認するような問題が出題されることも多いが，時代の要請はむしろそれらを使って自分で考え，問題解決していく能力の育成である。知識の獲得はむしろこうした問題解決によってなされる部分のほうが多い。「理解」の問題を考えるためには，私たちが知識をどのように活用しているかに焦点を当てる必要がある。これは「主体的，対話的で深い学び」がどうすれば実現できるのかを考えるうえでも重要な視点となる。次節では，人間が知識を用いてどう思考しているのか，すなわちより高次の認知活動の特徴について取り上げる。

3 思考の特徴

学習指導要領で「思考力・判断力・表現力」という表現が用いられるようになり，教師は授業を通してこれらの力を育成することが求められるようになった。しかし，そもそも思考力とはどのようなものなのか。当たり前のように使用されている用語だが，あらためて思考とは何かを見つめ直すときにも，やはり心理学的な観点が有用である。

人が思考する，すなわち考えるときというのは，どういうときだろうか。おそらく何らかの問題があり，それを解決しなければならないときではないだろうか。どうしたら自分が直面している問題を解決し，よりよい方向へと近づいていけるのか，このときに私たちはさまざまな知識を用いて「考える」わけである。しかし，私たちが直面する問題には，たとえば方程式が与えられ，その解を導かなければならないといったものから，今の状況を打破するために何か新しい企画や製品を考え出さなければならないといったものまでさまざまなものがある。そのため，「考える」についてもいくつかの観点から検討がなされている。まずは単純な問題を解くプロセスから取り上げ，より複雑な創造的な思考までみていこう。

①問題解決のプロセス

　人の問題解決のプロセスは非常に複雑であるため，認知心理学ではまずその特徴を単純な問題を用いた実験で検討してきた。たとえば，「ハノイの塔」という課題がある（図4.2）。これは大中小3枚のディスクをルールに従って目的のペグに移動させるという課題である。最初に与えられる問題（図4.2の状態）を初期状態，めざす到達点を目標状態，私たちが選択する1つひとつの方法を操作子と呼んでいる。つまり，問題解決とは初期状態から目標状態へ至るため，どの操作子を選択するのかを決定しながら進行していくプロセスであると言い換えることができる。ハノイの塔を実際に考えてもらえばわかると思うが，私たちはやみくもにディスクを移動させることはほとんどなく，中間目標を次々と設定しながら解決へと近づいていく方法で取り組むはずである。つまり私たちはなるべく負担の少ない操作子を無意識のうちに選択している。このようにうまくいけば素早く解けるような操作子のことをヒューリスティックスと呼び，「ハノイの塔」を解決する際に用いる中間目標を設定しながら目標を達成していくことを手段－目標分析という。私たちが日常生活を円滑に送れるのは，目標めがけて手段を適切に選択するという手段－目標分析が可能だからである。

　以上のようにハノイの塔のような単純な課題から日常的な問題まで，私たちはさまざまなヒューリスティックスを用いながら問題解決を行っているわけである。なお，ハノイの塔で移動可能なすべてのパターンを検討して，解答に至る道を探す方法はアルゴリズムと呼ばれる。コンピューターは基本的にアルゴ

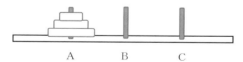

　3本の棒に，大中小の円盤が重なっている。この状態から，以下の規則を守りながら棒Cへと移動させたい。どうすればよいか。
〈規則〉
・一回に1つしか円盤を動かせない
・小さい円盤の上に大きい円盤は置けない
・円盤は棒以外のところには置けない

図4.2　ハノイの塔

リズムにより問題解決するのが特徴である。

　これをふまえると，たとえばテストで生徒たちが行っているのは，教師から出題された問題（初期状態）から，適切な操作子を選択しながらこれを解決することをめざす活動となる。「テストの結果がかんばしくない」のは，これが適切に実行されていないからである。では，どのような支援をすれば，問題解決へと導くことができるのだろうか。

　まず，基本となるのは，子どもたちの問題解決がいかに実行されているかをつぶさに観察することであろう。たとえば，「計算ミスをしてしまう子ども」に対してどうアドバイスするかを大学生に聞いてみると，「単純な問題を繰り返し練習する」「途中式を丁寧に書かせる」「検算をさせる」など，さまざまなプランを提示してくれる。これらはどれも学生自身の経験に基づいたアドバイスであり，たしかにそれで解決する可能性もある。しかし「なぜ計算ミスをしてしまうのか」を明らかにしないかぎり，真の改善にはつながらないだろう。計算ミスといっても，「計算を実行するために必要な知識・技能が身についていない」「操作としては知っているが，なぜそうするかまでわかっていない」「原理も方法もわかっているが，計算過程のミスに気づかない」など，原因は多岐にわたる。1つ目のタイプを認知心理学ではバグと呼ぶ。筆算の手続きがわかっていないなど，エラーが一貫性を伴うのが特徴である。この場合，そのバグをいかに解消していくかが問題解決の鍵となる。2つ目は理解不足が原因になっている。計算がただの作業になっているならば，その意味について理解させる支援が求められる。3つ目は，処理過程のミスに気づかないことが原因である。これを改善するには，作業記憶内で問題解決の進行をどう制御するか，すなわちメタ認知（metacognition）が鍵となる。いずれにしても，問題解決のプロセスへの関心が解決の糸口になるわけである。

②問題表象のちがい

　子どものつまずきのポイントを探り，改善案を練っていくこともたしかに重要である。しかしそれはいわばミクロな対応であるともいえる。いっぽうで，私たちには得意な教科，苦手な教科というのがある。同じ授業を受けているに

第4章　学習と思考　73

もかかわらず，ある人は問題がスラスラ解けるのに対して，ある人はつまずいてしまうという事実があることも知っている。なぜ，こうしたちがいが生まれるのだろうか。もちろん，もって生まれた資質・能力が影響していることもあるだろうが，認知的な観点からみえてくるちがいもまた支援のための指針となりうるであろう。

　このようなうまくできる人とそうではない人のちがいは，熟達化の研究として検討されてきた。熟達化の研究では，ある分野で一流のパフォーマンスを示す人（熟達者）とそうでない人（初心者など）を比較することを通して，いわばマクロな個人差を示すなど，興味深いテーマが扱われている。たとえば，チェスの熟達者は，盤面に表現された駒の配置を数秒間見ただけで正確に再現できるなど，初心者ではおよそ不可能なパフォーマンスをみせる（Chase & Simon　1973）。記憶の仕組みで示したように，駒の配置を記憶するならば，視覚的に入力される駒の情報を作業記憶内で符号化する必要がある。駒の配置の情報量は作業記憶の容量を超えてしまうため，初心者ではすべてを正確に再現することはできない。しかし熟達者は，膨大な駒の配置パターンを記憶情報として保持しているため，それらを用いて情報を圧縮（これをチャンクという）して保持することができるのである。このように熟達者は関連する知識を，膨大にかつ自動的に使用できるようになっているのである。私たちも自分の得意な領域であれば，初めてやる人に比べ，スムーズに知識を用いたり行動したりできる。これも知識量とその自動化が大きくかかわっているわけである。

　熟達者の特徴のなかでも，とくに問題解決に大きく関与しているのが問題表象である。問題表象とは，問題に直面したときの心的表現や捉え方のことである。たとえば，「怪物問題」という問題がある（Simon & Hayes　1976）。「5本の手をもつ大中小の怪物がそれぞれ大中小いずれかの水晶を持っている。いま，中サイズの怪物は小さな水晶，小さい怪物が大きな水晶，大きな怪物は中サイズの水晶を持っているとする。水晶を交換して，怪物のサイズと水晶のサイズをそろえたいが，①一度に1つしか移動できない，②2つの水晶を持っているときは大きい水晶だけが移動できる，③移動させたい水晶よりも大きい水晶を

74

持っている怪物へ水晶は移動できない，というルールに従う必要がある」。この問題は，一読するだけでは，そもそもどういう状況なのかすら把握しにくいのではないだろうか。問題表象が適切に形成できないと「問題が表している状況がうまくつかめない」「どこから考え始めたらいいのかよくわからない」ということになるため，問題解決に困難をかかえることになる。ところが，この問題が先ほどの「ハノイの塔」と同じ構造の問題である（水晶＝ディスク，怪物＝ペグ）といわれれば，比較的取り組みやすくなるはずである。つまり問題というのは，それだけが独立して存在しているわけではなく，解決者による表象の形成という形で解釈され，それが解決に影響を与えるのである。熟達者と初心者の差は，形成される問題表象のちがいにその特徴がある。

　たとえばチイら（Chi, Glaser, & Rees　1982）は，物理学の熟達者と初心者（大学生）に，教科書に載っている問題を分類させてみたところ，熟達者が問題で用いる原理や法則に基づいて分類するのに対し，初心者は問題で使われている斜面の角度や高さなど表面上の類似性に基づいて分類したと報告している。熟達者のほうがより深いレベルで問題を捉えていることがわかるだろう。

　こうした問題表象のちがいは，問題解決への取り組み方にも影響を与える。ラーキンら（Larkin & Chabay　1989）は，熟達者と初心者に同じ力学の問題を解いてもらい，その際の思考内容を発話してもらったところ，熟達者が「一定の速さなので力の合計は0である」といったシステム全体の特徴から入るのに対し，初心者は「摩擦係数μを求める問題だから，$F = \mu N$を使えばいいのかな」といった当てはまりそうな公式を探すところから始めることを明らかにした。このときの初心者の解き方は，とにかく知っている公式のなかから使えそうなものを探すという，まさに理数系が苦手な人によくみられるものではないだろうか。

　「文章題が苦手である」という声は根強い。これについて大学生に対策を考えさせると「文章を丁寧に理解させる」「重要なところに印をつけさせる」「図やグラフにして情報を整理させる」などがあげられる。こうした対策はもちろん重要だが，適切な問題表象の形成を促すためには，基礎的な問題の繰り返し

や形式的な図表の利用を練習するだけでは十分ではなく（不必要というわけではない），その問題をなぜ解かなければならないのかといった問題解決の必然性までも考慮した改革が求められる。ブランスフォードら（Bransford & Stein 1984）は，理想的な問題解決者となるために必要な5つのステップ（IDEAL）をあげている。それぞれI（Identifying problems）＝問題を発見する，D（Defining problems）＝問題を定義する，E（Exploring alternative approaches）＝さまざまなやり方を探る，A（Acting on a plan）＝計画を実行する，L（Looking at the effects and learn）＝結果を検討するの5つである。近年，PDCAサイクルという業務改善のための考え方が話題を集めているが，IDEALモデルに特徴的なのは問題の発見から定義までの部分が明示的になっている点であろう。これはまさに問題表象の形成にかかわる部分である。先にもふれたように問題表象の形成には，目の前の問題がなぜ（自分たちにとって）問題であるのかを認識する必要がある。これを真正性の高い問題状況であるという。真に必要に駆られるからこそ，その問題に主体的に取り組むことができるのである。

　以上のような問題解決の過程を経て，私たちは新たな知識を獲得する。そして当該事象について首尾一貫した表象が形成されれば，それがすなわち「理解」である。つまり，「なかなか理解してもらえない」のは，知識のいわば量的側面が不十分である可能性もあるが，それ以上に問題表象の形成といった質的側面に原因があることを考慮する必要があるだろう。

　③推　論

　私たちが「考える」のは，数学の計算のように答えが1つに定まった問題を解決するときばかりではない。むしろ，決まりきった手続きを実行するだけで解決が可能な問題は，学習当初こそ正しく実行するためにあれこれ考えながら取り組むものの，いずれそれは自動化し，ほとんど「考える」という作業が必要なくなることも多い。学校教育で子どもたちに学んでほしいのは，決まりきった問題の解決方法を記憶・訓練し，それを素早く実行できるようになることではないだろう。むしろ，問題解決につまずいたとき，柔軟に解決策を練り直し，解決に向かっていけるようになってもらいたいはずである。波多野ら

（波多野＆稲垣，1983）は，前者のように決まりきった方法なら手際よくできる熟達者を定型的熟達者，後者のように柔軟性が高く創意工夫が行える熟達者を適応的熟達者として区別している。この適応的熟達者になるために重要なのがまさに「考える」という行為なのである。大浦（2002）は，熟達者になるために練習は必須となるが，適応的熟達者になるためには，単純に反復練習を繰り返すのではなく，問題解決の過程で「さまざまな解」と「多様な手続き」を比較検討するという「探索と熟考」が不可欠であると指摘している。つまり，いかに問題解決の過程で「考える」ことができるかということである。したがって，適応的熟達者を育成していくためには，「探索と熟考」にかかわる認知的なメカニズム，すなわち推論について理解しておく必要がある。

　推論とは，与えられた情報に基づいて何らかの結論を導き出すときに行っている思考のことである。推論は，結論を導くために用いる情報や結論の導き方によっていくつかの種類に分類されるが，これらを大別すれば演繹推論（deductive reasoning）と帰納推論（inductive reasoning）の2つとなる。

　演繹推論とは，ある前提が先にあり，その前提から論理的規則に従って結論を導くことをいう。演繹推論の典型的な例として三段論法（人間は死ぬ。ソクラテスは人間である。よってソクラテスは死ぬ）が紹介されることが多く，一見すると敷居が高そうにみえるが，じつはこうした推論は私たちの日常生活のあらゆるところに生じている。たとえば，「小学校を卒業したら中学校へ進学する」という前提があったとき，「小学校を卒業した」のならば必然的に「次は中学校へ進学する」だろうと推論できる。演繹推論の場合，前提が正しければ，結論も正しくなるのが特徴である。もし前提がまちがっていれば，推論としては論理的に正しくても結論は誤ってしまうことになる。「単語を覚えるときは10回ずつ書けばよい」という前提を信念としてもっている人は，宿題で単語の学習が求められれば，当然10回ずつ書いて覚えようとするだろう。これは演繹推論の結果得られた論理的に正しい行動であるといえる。しかし，10回書けば必ず覚えられるかといえば，そうでないときもあるだろう。つまり，自分の信念には演繹的に正しく従っているわけだが，結果が本人の思うように

（推論された結果のように）ならないことになる。この場合は，前提としてもっている信念や方法を疑ってみる必要がある。

　いっぽう，帰納推論とは，いくつかの具体的な事例から一般的な結論を導くことをいう。「10回書いても覚えられない」ということを何度も繰り返していれば，私たちは「どうやら10回書く方法では覚えられない」との結論を導くであろう。これが帰納推論である。帰納推論も私たちの日常生活で頻繁に行われている推論である。たとえば，私たちは友人となった人物の日々の言動や行動をみながら「この人はとても気をつかう人だ」などと考えながら，人間関係を深めたり，場合によっては距離をおいたりする。このような個人のなかに形成される人物像なども帰納推論によって導かれたものである。ただし，これらの例からもわかるように，帰納推論で導かれた結論は必ずしも正しいとはいえないことがあるのが特徴である。もしかしたら，単語が使われていた例文を思い出すようにするなど，単語に対して深い処理がなされるよう工夫すれば，10回書くだけでも覚えられるかもしれない。また学校以外で友人と会ったら，普段とはまったくちがう姿を発見することもあるかもしれない。帰納推論はそれゆえに導いた結論が本当に正しいといえるかという視点が重要になる。

　以上のように，演繹推論と帰納推論は私たちの思考の基礎をなしている。適応的熟達者になるために必要だとされる「探索と熟考」とは，暗黙的に利用している前提は本当に正しいのかなどというように，演繹推論の基礎となる前提を疑ったり，帰納推論により導かれた結論が自分の勝手な思い込みになってはいないかを見つめ直したりするなど，いかに柔軟に物事を捉えられるかをさしている。思考力を育成することをめざすならば，子どもたちに推論の視点から考えを深める機会をどれだけ提供できるかがポイントになってくるであろう。

　④創造的思考

　「何か新しい企画や製品を考えださなければならない」といった課題に直面すると，私たちはやはりあれこれ「考える」ことになる。ここで必要になるのが創造的思考である。学習指導要領にも，柔軟な思考力に基づく新しい知や価値を創造する能力がこれからの子どもたちに求められることが示されている

（文部科学省　2008）。

　そもそも，創造的思考とはどのような思考なのだろうか。これまでに誰も考えたことがないようなアイデアを，いわゆる「ひらめき」によって生み出すことをさすのだろうか。たしかにそういった側面から創造的思考を捉えることもある。たとえば，どのようなプロセスで創造的思考が働くのかについての説明として孵化効果がある。孵化効果とは，創造的思考が求められる問題解決の過程を，①準備，②あたため，③ひらめき，④検証という4つの段階からなるものと捉え，②のあたためこそが着実にひらめきに近づいていくためには必要であることを示したものである。あれこれ悩んでいるとき（準備）には解決方法が見つからなかったのに，別のことをやっているとき（あたため）に突然「ひらめく」わけである。しかし，このプロセスを実際の教育場面で実現しようとしても，どこで「ひらめき」が生じるのかを統制することはむずかしく，結局は本人の「ひらめき」待ちとなってしまうだろう。そこで，本項では創造的思考を「今までの情報に基づいて新しい情報を生み出す」として捉え，より扱いやすい思考として議論する。

　すでに述べたように，帰納推論は具体的な事例に基づいて，何らかの結論を導きだすような思考をさす。これがじつは創造的思考の第一歩である。科学者は，自然現象などの具体的な事例の背後にどのような因果関係やメカニズムが隠されているのかを探究する。そのために，実験や観察で得られたデータを参照しながら，因果関係やメカニズムについての仮説を立て，それを検証するというサイクルで研究を進めている。ここで行われている仮説の生成とは，まさに帰納推論（これをアブダクションといい，狭義の帰納推論と区別する場合もある）である。ただし，帰納推論ということは導かれた仮説が誤っている場合もある。そのため，その仮説の妥当性を検証するための方法を次に考えることになるが，これはすなわち演繹推論である。つまり創造的思考とは，帰納推論により新しい情報（仮説）を生み出し，演繹推論によりそれを検証するプロセスであるといえるだろう。

　このように創造的思考を仮説検証のプロセスと考えたとき，人の思考には偏

りが生じることがある。それが確証バイアスである。確証バイアスとは，仮説を検証する際に，自らの仮説を確証する事例ばかりに意識が向いてしまうことをさす。たとえば，ウェイソンの「2-4-6課題」というものがある（Wason 1960）。これは，出題者があらかじめ定めたルール（単に増加する数列）を解答者が探し当てるという課題である。最初に提示する事例が「2-4-6」であることからこの名がついている。この数列をみた解答者はまずは1事例からどんなルールに基づいているかを考える（帰納推論）。たとえば「連続する偶数」を仮説として立てた解答者は，それを確認するために自分で決めた数列（演繹推論）を出題者に提示し，ルールに適合するかどうかを確認することができる。仮にこの仮説を立てた場合，何を提示して確認してみたいだろうか。大学生にこの課題をやらせてみると，ほとんどが「8-10-12」などを出題者に提示して確認しようとする。これが確証バイアスである。つまり，私たちは自分が導いた仮説「連続する偶数」を確証するような事例「8-10-12」を提示して，自分の仮説の正しさを証明しようという傾向がみられるわけである。この課題の場合，自分の仮説を反証するような事例を確認したほうが早く正答に到達するのだが（たとえば1-3-5を提示してあえて「適合しない」ことを確認する），私たちにはなかなかこれができないわけである。

　また，ウェイソンの考案した4枚カード課題（Wason 1968）も興味深い事例としてあげられる。図4.3の課題を考えてみてほしい。この問題をみたとき，直感的にDと3だと考えなかっただろうか。Dのカードはたしかに裏が3でなければいけないので正しい。しかし，3のカードは裏がDでなくてもルールには反しないのである。それなのに，私たちが直感的に3を裏返したくなる

　下の4枚のカードには片方にアルファベット，もう片方には数字が書かれています。このカードについて，「もしカードの一方の面にDが書いてあるならば，そのカードのもう一方は3である」という言説が正しいかどうかを確かめたいとき，どのカードを裏返して確認すればよいですか。

D　　3　　B　　7

図4.3　4枚カード課題（Wason 1968より作成）

のも，じつは確証バイアスが関係している。3のカードを裏返してDが出れば，ルールを確証したことになるからである。ちなみに，この課題の正答はDと7である。7を裏返してDが出るとルール違反していることになる。ウェイソンの考案した4枚カード課題は，その後さまざまな変形版が作成され，人の演繹推論がどのようなメカニズムでなされているかについての検討が進められている。

　以上のように，仮説検証のプロセスには私たちが陥りやすいバイアスが存在していることがわかる。確証バイアスによって，私たちは「自分の見たいものしか見ない」という思考に陥ってしまう可能性がある。これは人をステレオタイプに当てはめて見てしまうなどといったことにもつながる。また，科学者の世界でも，本来は見なければいけない現象を見逃してしまい，真理の発見が遅れてしまうなどといったことも起こりうるため，バイアスに囚われない思考をしていくことが求められる。バイアスに囚われない思考とは，結局は演繹推論，帰納推論のプロセスにおいて前提としているもの，あるいは結論として導いているものについて，まさに「熟考」してみるということに他ならない。このような思考のプロセスを経ることによって，真の思考力は育成され，よりよい「理解」へとつながっていくのである。

4 学び続ける教師

　教師が授業をデザインするうえで，学習のメカニズムや思考の特徴について理解しておくことは非常に重要である。ともすれば教科書の内容をすべて扱ったかどうか，子どもたちは活発に活動したかどうかにだけ意識が向いてしまい，そこで何が学ばれたかに関心が及ばないこともある。授業とは子どもを学びへと誘っていくために行われるものである。その目標の実現のため，教師には授業のどこで学びが成立するかを見通したデザインをする能力が求められる。しかし，授業は予想どおりに進むことのほうが稀で，むしろ問題解決の連続である。すなわち，教師自身もまた問題解決者であり，常に学び続けていく存在なのである。そのように考えたとき，本章で取り上げた学習や思考を促進するも

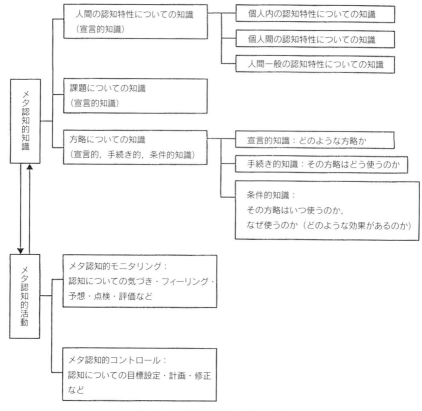

図 4.4　メタ認知の分類（三宮　2008）

のとして，とりわけ重要になるのが，メタ認知的な視点である。

　メタ認知とは，「認知の認知」と呼ばれ，自分の認知特性や認知プロセスについて思考をめぐらせることをさす。より具体的には，認知特性についての知識をさすメタ認知的知識と，実行中の認知プロセスを監視・制御するメタ認知的活動に分けられる（図 4.4）。「作業記憶内に入力できる情報量には限りがある」というのはメタ認知的知識であり，「計算ミスがないか 1 つひとつの手順が終わるごとに確認する」という認知状況のチェックはメタ認知的活動となる。たとえば，計算ミスに気づかないのは，自分がやっている操作が正しく実行さ

れているかの確認（メタ認知活動）が十分になされていないからである。また，計算の途中式をきちんと残すなど，自分のメタ認知が働きやすいような工夫をそもそもしていないことも原因かもしれない（コラム⑤参照）。メタ認知活動が有効に機能するようになるためには，メタ認知的知識の獲得とともに，それを実際に活用しながら問題解決に取り組むという経験が必要になるだろう。メタ認知的な視点をもち，それを効果的に活用できるようになると，さまざまな教科・領域においてよりより成果を収めることができるようになる。教科内容に対する深い学びだけでなく，メタ認知能力の育成を実現することも授業のねらいの１つとして考慮されてもよいのではないだろうか。

　また，メタ認知能力は当然教師自身にも求められる。自分はなぜこのスタイルで授業をやっているのか。そこには暗黙の裡に教師が前提としている知識や信念があるはずである。ときにはその知識や信念を問い直し，場合によっては柔軟に修正していける教師こそが適応的熟達者たる教師であるといえるだろう。「アクティブ・ラーニングの視点」が教育現場で注目を集めるようになり，冒頭の例のように「どうやってやればいいかわからない」という戸惑いが教育界に広がった。しかし，「主体的・対話的で深い学び」がどういう形で実現可能なのかについて定まった答えはない。本章で述べた学習のメカニズムや思考の特徴がそのヒントになるとはいえ，教師自身が問題解決者としてメタ認知能力を働かせながら，目の前の子どもたちによりよい学びを提供していこうという姿勢こそが必要である。

深い学びのための課題

　本章で取り上げた学習や思考のメカニズムは，教育実践場面のどこで生じているか，具体的な事例と結びつけて考えてみよう。

注
1 ）系統的脱感作とは，不安や恐怖症の治療法であり，たとえば不安場面に対してリラックス状態を条件づけていくことで，段階的に不安反応を消していくといった方法である。

参考文献

大浦容子「熟達化」（2002）波多野誼余夫・永野重史・大浦容子編『教授・学習過程論』放送大学教育振興会

波多野誼余夫・稲垣佳世子（1983）「文化と認知」坂元昂編『思考・知能・言語』（現代基礎心理学第7巻）東京大学出版会

文部科学省（2008）「幼稚園，小学校，中学校，高等学校及び特別支援学校の学習指導要領等の改善について」文部科学省

Atkinson, R. C. & Shiffrin, R. M.（1971）*The control processes of short-term memory*. Stanford: Stanford University..

Bransford, J. D. & Stein, B. S.（1984）The IDEAL problem solver. N.Y.: W. H. Freeman & Company.

Collins, A. M., & Loftus, E. F.（1975）A spreading-activation theory of semantic processing. *Psychological review*, 82（6）, 407..

Craik, F. I. M. & Lockhart, R. S.（1972）Levels of processing: A frame-work for memory research. *Journal of Verbal Learning and Verbal Behavior*, 11, 671-684.

Chase, W. G. & Simon, H. A.（1973）Perception in chess. Cognitive psychology, 4（1）, 55-81.

Chi, M. T. Glaser, R. & Rees, E.（1981）Expertise in problem solving（No. TR-5）. PITTSBURGH UNIV PA LEARNING RESEARCH AND DEVELOPMENT CENTER..

Larkin, J. H. & Chabay, R. W.（1989）Research on teaching scientifc thinking: Implications for computer-based instruction. In L. B. Resnick and L. E. Klopfer, eds., Toward the Thinking Curriculum: Current Cognitive Research. 1989 ASCD Yearbook. Association for Supervision and Curriculum Development, 1250 N. Pitt St., Alexandria, VA 22314-1403.

Miller, G. A.（1956）The magical number seven, plus or minus two: some limits on our capacity for processing information. *Psychological review*, 63（2）, 81.

Simon, H. A. & Hayes, J. R.（1976）The understanding process: Problem isomorphs. *Cognitive Psychology*, 8, 165-190.

Wason, P. C.（1960）On the failure to eliminate hypotheses in a conceptual task. *The Quarterly Journal of Experimental Psychology*, 12, 129-140.

Wason, P. C.（1968）Reasoning about a rule. *The Quarterly Journal of Experimental Psychology*, 20, 273-281.

■**コラム④　教えて考えさせる授業** ─────────────────────────■

　認知心理学の知見を積極的に利用した授業設計として「教えて考えさせる授業（市川　2008）」がある。市川は，学習の2サイクルとして習得サイクル（目標とする知識・技能の獲得）と探究サイクル（自らの関心に沿った探究活動）をあげ，とくに習得サイクルの授業における授業設計の原理として「教えて考えさせる授業」を提案している。

　「教えて考えさせる授業」は基本的に4段階の流れに沿って授業を進める。①教師

の説明，②理解確認，③理解深化，④自己評価である。私たちは知識を用いて問題解決および推論をすることで，学習が深まっていく。「教えて考えさせる授業」では，教師から教えられた知識を理解できたかを確認する活動を意識的に確保し，さらに別の課題で知識を利用させる機会を設けることで理解を深め，最後に学びのプロセスを振り返るところまで行うのが特徴である。

　現在は，教育心理学を専門とする研究者が学校教育に積極的にかかわるようになっ

ており，「教えて考えさせる」という言葉は学習指導要領改善のための中央教育審議会答申（文部科学省 2008）などにも反映されるようになっている。

■コラム⑤　学習方略の有効性

子どもたちが学習している様子を見ていると，必ずしも効果的なやり方をしていないことに気がつくことがある。そういう子どもに「こうしたほうが楽にできる」「こんなことを考えながらやると効果的だよ」など，さまざまなアドバイスをしても，子どもたちはそのアドバイスを簡単には受け入れないことも多い。その原因を探るため，吉田・村山（2013）は「なぜ学習者は専門家が学習に有効だと考えている方略を必ずしも使用しないのか」について検討している。この研究では，子どもたちが効果的な方略（ここでは処理の深い方略としている）を使わない理由として次の3つの仮説を立てている。①コスト感阻害仮説（深い処理の方略は有効なのは認識しているが，そのような方法で勉強するのは面倒だからやらない），②テスト有効性阻害仮説（深い処理の方略が（長期的な）学習に有効なのは認識しているが，そのような方法で勉強しても目前のテストで良い点を取れるとは思えないのでやらない），③学習有効性の誤認識仮説（学習者は自身が学習有効性が高いと思っている方略を使用しているが，そもそもその学習有効性についての認識が的確でない）の3つである。どれがもっとも原因として影響しているだろうか。

中学生を対象に，数学の定期テストに向けて勉強をするという設定で，学習方略の利用状況や各方略の効果について調査した結果，③学習有効性の誤認識仮説がおおむね支持された。つまり，子どもたちはどのようなやり方が学習に有効であるかを正確に認識していない可能性が示唆され，有効な学習方略を明示的に指導していく必要があることが指摘されている。

実際には，それぞれの仮説であげている原因が複合的に影響しながら，子どもたちの現在の勉強のやり方になっていると思われるので，すべての子どもが誤ったやり方をしているわけではないだろう。しかし，大学生にこの研究を紹介し，どの仮説が有力だと思うか聞いてみると，コスト感をあげる者が多い。つまり，私たちは子どもたちの実状を思ったよりも正確に把握できていない可能性もある。この研究は学習方略を明示的に指導する必要性を明らかにしただけでなく，「なぜ効果的なやり方をしていないのか」ということに疑問をもち，仮説を立て検証していくということ自体が教育実践の場にもっと必要であることも示しており，心理学的な観点で考えることの意義を実感できるものとなっている。

第5章

動機づけと学習

1 主体的な学習態度

　学校教育法には学校教育において重視すべき3要素として「知識・技能」「思考力・判断力・表現力等」「主体的に学習に取り組む態度」が示されている。同法の第30条には「生涯にわたり学習する基盤が培われるよう，基礎的な知識及び技能を習得させるとともに，これらを活用して課題を解決するために必要な思考力，判断力，表現力その他の能力をはぐくみ，主体的に学習に取り組む態度を養うことに，特に意を用いなければならない」とある。あえて法令をもち出すまでもなく，学校，家庭，地域社会のいずれであれ，教育を担う立場にある人間であれば，「すべての子どもたちが，これから経験するあらゆる学びの文脈において，自らの力で主体的に学ぼうとする態度を身につけていってほしい」，このように願わない者はいないだろう。理念としても現実の教育実践においても，学ぶ経験を通して，子どもたちの主体的に学ぶ態度をいかに養うかということが，教育者たちには求められている。

　教育実践活動において，子どもたち一人ひとりの成長を確かなものとするには，教育目標とともに学習状況の評価を考えておく必要がある。日本の学校教育では，観点別学習状況の評価というスタイルがとられているが，現行では「知識・理解」「技能」「思考・判断・表現」「関心・意欲・態度」の4観点が用いられてきている。しかしながら，観点の筆頭に掲げられている「関心・意欲・態度」の評価に関しては，挙手の回数やノートの取り方といった表面的，形式的な形で評価がなされているといった教育実践上の問題が指摘されたりしている。中央教育審議会の初等中等教育分科会の部会では，このような指摘もふまえ，上記の学力の3要素や，資質・能力[1]の3つの柱に沿って，各教科

86

の指導改善等が図られるように，「知識・理解」「思考・判断・表現」「主体的に学習に取り組む態度」の3観点によって評価が行われるよう，検討が進められてきている（中央教育審議会　2016）。なお，この「主体的に学習に取り組む態度」については，中央教育審議会の部会の資料によれば，「子どもたちが自ら学習の目標を持ち，進め方を見直しながら学習を進め，その過程を評価して新たな学習につなげるといった，学習に関する自己調整を行いながら，粘り強く知識・技能を獲得したり思考・判断・表現しようとしたりしているかどうかという，意思的な側面を捉えて評価することが求められる」とあり，そして，「こうした姿を見取るためには，子供たちが主体的に学習に取り組む場面を設定していく必要がある」といった指摘がなされている。

　現在，求められてきている日本の教育理念からも明らかなように，子どもの学習を指導したり支援したりするにあたって，本章のテーマである「動機づけ」は，教育の目標としても評価の対象としても，きわめて重要で中核的な側面として位置づけることができる。一口に「動機づけ」や「学習意欲」というが，これらは複合的な心理現象であって，容易に捉えられるものではない。次項では，心理学の見地から，さらに詳細に「動機づけ」，とりわけ，「主体的な学習態度」とは何かについてみていくことにする。

（1）主体的な学習態度とは

　心理学において「態度」は，「ある人が，ある対象に対して，どのように感じ，考え，かつ振る舞うかという主体の一般的な反応準備状態」（猪股　1982）のような定義づけがなされたりする。「学習態度」は，学習にまつわる態度（反応の準備状態）ということであり，たとえば，「算数が苦手だけど，理科は好きだ」のような学習内容にまつわる態度もありうるし，グループ学習に取り組むにあたって「楽しそう，早く考えを伝えたい」と前向きな態度をもつ子どももいれば，「いやだな，一人でしたいな」と後ろ向きの態度をもつ子どもがいたりする。グループ学習の場合，学習活動にまつわる態度ということになる。鹿毛（2013）は，学習というと「できること（技能の獲得）」と「わかること

第5章　動機づけと学習　87

（知識の獲得）」の両者にもっぱら焦点が当てられがちであるが，学習に向けての「態度」そのものも学習の内容であり，対象であることを指摘している。そして，学習態度は，「学習意欲」と密接不可分な関係にある。鹿毛（2013）は，学習意欲に関して，「学習すること」，すなわち「技能の獲得や知識の獲得」を促すものであるが，それと同時に「学習意欲そのものも学習されるもの」であると述べている。学習態度についてもしかりで，主体的な学習態度が，一瞬一瞬の，さまざまな場面での学びを支えていき，また，1つひとつの学習経験が積み重なって，自らの意志や判断に基づき学習に向かおうとする態度が形成されていくこととなる。主体的な学習態度は，学習の要件としての心理的要素であり，かつ，育成すべき目標としての心理的要素でもあることに留意しておく必要がある。自ら学び続ける学習のあり方，そのプロセスは，本章 **3** で紹介する「自己調整学習」によって心理学的な説明がなされている。質の高い学習を自己調整する経験が，主体的な学習態度を形成していくことを支えているものと考えられるだろう。

（2）エンゲージメント

　主体的な学習態度と深いかかわりのある心理学概念の1つに「エンゲージメント（engagement）」をあげることができる。近年，盛んに実証的な検討が進められてきている（たとえば，Reeve & Tseng　2011；Christenson, Reschly, & Wylie　2012；鹿毛　2017）。全身全霊によって，熱心に，そして，情熱を傾けて取り組んでいる姿，そのような心理状態のことをエンゲージメントと呼び，学業であれスポーツであれ，卓越したパフォーマンスをもたらすものとされている。

　エンゲージメントの大きな特徴は，「人と環境との間で現在進行形で生起するダイナミックに変化する相互作用を心理現象の質として記述する概念であり，まさに知情意が一体化した『今ここ』での体験を意味しているといえる」（鹿毛　2013）ところにある。子どもたち一人ひとりが生き生きと自ら学びに向かおうとする心のあり様に迫ることのできる概念である。

エンゲージメントは，一般に「行動的エンゲージメント」「感情的エンゲージメント」「認知的エンゲージメント」の3つの次元[2]で捉えられる。「行動的エンゲージメント」とは，課題に対する注意と集中，努力や持続性の高さによって特徴づけられる。「感情的エンゲージメント」とは，興味や好奇心，熱中といった肯定的な感情によって取り組んでいるかどうかということである。3つ目の「認知的エンゲージメント」は，深い理解をめざし，自己調整による問題解決の仕方によって取り組んでいるかどうかということである。以上の3つの次元が一体となって，日常において経験するその場その場の学びに対して没頭していくことが，その人の成長を支えていくことになる。エンゲージメントと呼ばれる質の高い体験が，人間の認知面のみならず，社会面，人格面での発達を規定していくことになるのである。

人が何かを学ぼうとする状態，すなわち，学習の「動機づけ」は，現在進行形で変化する「状態レベル」，特定の領域や分野において現れてくる「領域レベル」，状態や領域を越えた個性ないし性格の一側面として作用する「特性レベル」の3水準で捉えられる（鹿毛 2013）。これらの水準でみると，エンゲージメントは，まさに「状態レベル」の動機づけとして考えられる。先に述べた主体的な学習態度は，比較的，個人のなかで安定した特性のようなものであり，あるいは，数学に対する学習態度，国語ではどうかというように領域レベルで個人内でのちがいがみられたりする。主体的な学習態度が，1つひとつの学習場面においてエンゲージメントを喚起し，主体的で深い学びを重ねていくことで，さらにその人の主体的に学ぶ態度が強固なものになっていくという成長過程を想定することができるだろう。

2 動機づけの基礎理論

（1） 3つの基礎理論―認知論，感情論，欲求論

ここまで詳しい説明をすることなく，「動機づけ」の語を用いてきたが，心理学では一般に「行動を生起させ，これを維持し，方向づけ，収束するプロセスの総体」として捉えられている（速水 1998：櫻井 2009 参照）。行動を引き

起こす「エネルギー」と，行動を特定の方向へ向かわせる「指向性」が，動機づけを支える本質的な側面であるとされる。そして，動機づけは，「認知」「感情」「欲求」「環境」の 4 つの要因で規定され，「認知」「感情」「欲求」が，個人内の心理的要因ということになる（鹿毛　2004）。親和動機や攻撃動機のような用語からもわかるように，動機づけは多様な現象として現れるが，とりわけ学ぶという状況に向けられた動機づけは，「学習意欲」[3] として捉えることができるだろう（鹿毛　2013 参照）。

　心理学において動機づけ研究の歴史は長く，膨大な研究成果が報告されてきている。動機づけを説明する基礎理論も数多く提唱されてきているところであるが，動機づけの個人内の心理的要因である「認知」「感情」「欲求」のいずれに重心をおくかによって「認知論」「感情論」「欲求論」に大別される（鹿毛 2004）。「認知論」の「認知」とは，物事を知覚し，判断したり解釈したりする心の働きをさす。「この課題が自分にはできそうだ」といった自己の能力についての認識が，動機づけを高めうるし，「ここで学んだことは，きっと何かの役に立つ」といった価値づけがさらに学ぶ意欲を向上する。前者は「期待」であり，後者は「価値」と呼ばれる。「期待」や「価値」をはじめとして，動機づけを規定する認知的要因を明らかにしていこうとする理論群を「認知論的アプローチ」という。本章では，代表的な期待×価値理論についての概説に加えて，重要な価値理論の 1 つである「達成目標理論」を紹介することにする。

　これに対して，「感情」の働きを動機づけの中核に据える理論的立場を「感情論的アプローチ」と呼ぶ。たとえば，「学ぶことが楽しい」といったポジティブ感情は，積極的な学習行動を促すであろうが，いっぽうで，過度なテスト不安のようなネガティブ感情は，動機づけを阻害する可能性が高い。興味，不安，フロー，リバーサル理論など（鹿毛　2013 参照），さまざまな感情論に基づく動機づけ理論が提唱されてきているが，ここでは「興味」について取り上げることにしたい。

　3 つ目の「欲求論」であるが，「欲求」とは，人を内部から突き動かす力であり，心理的エネルギーのことである。食欲，睡眠欲など，人間が生命を維持

するうえで不可欠な欲求は,「生理的欲求」と呼ばれるが,学習の動機づけとのかかわりでみると,環境への心理的な適応や健康を規定する「心理的欲求」が重要な役割を果たしている。心理的欲求にはさまざまなものがあるが,困難なことを成し遂げて,自己に能力があることを示す「達成欲求」や,人間がもっている潜在的な可能性を最大限に実現しようとする「自己実現の欲求」などは,個人の成長や発達を方向づけていくうえで大きな力をもつものといえるだろう。欲求論に基づく代表的な動機づけ理論としては自己決定理論をあげることができる。なお,自己決定理論については,第9章で詳しく取り上げられる。

(2) 期待×価値理論

　学校教育において子どもたちはさまざまな教科の学習や活動に取り組むことになる。これらの学習内容を前にして,「この教科は将来の役に立つ」「数学は得意で,よい成績をあげる自信がある」などのような,ある種の「信念」を抱いている。特定の対象に対する一定の認識,すなわち,信念が動機づけに影響を及ぼすと考える立場を「認知論的アプローチ」と呼ぶ。先に述べたように,この認知的要因である信念は,大別して「期待」と「価値」の2側面で捉えることができる。期待×価値理論は,信念をはじめとする認知内容とこれらに関連する認知プロセスを統合的,包括的に記述することで人の動機づけ現象に関して説明を試みる理論群のことをさしている(鹿毛 2013参照)。

(3) 自己効力感

　これまでにさまざまな期待理論が提唱されているが,ここでは Bandura (1977) の「自己効力感 (self-efficacy)」の概念を取り上げることにする。Bandura によれば,人の行動変容の起こりやすさは期待の機能によるが,この期待には,2つのものがあり,「効力期待」と「結果期待」とに区別ができることを指摘している。そして,従来の研究は,この両者について区別がなされていないことを批判している。「結果期待」とは,一連の行動がある結果をもたらすであろうという予期のことをさしている。一方の「効力期待」は,ある結

果を生み出すために必要な行動をどの程度うまくできるかという個人の確信のことをさしている（Bandura 1977）。勉学に励めば（行動），成績があがる（結果）とわかっていても，すなわち，結果期待がいくら高くても，そもそも勉強に取り組めるかどうかについて確信がもてない（効力期待が低い）ようであれば，やる気も高まらないだろう。このような遂行可能性の認知のことを，Banduraは「自己効力感」の術語で概念化を行い，自己効力感が行動の強い予測因であることを数多くの実証研究によって明らかにしている。

（4）価値理論

　価値を取り上げた理論として，Wigfield & Eccles（2002）の期待×価値モデルが有名である。Wigfield & Eccles（2002）は，成功に関する「期待」とともに，課題に対する興味，実用性，コスト（マイナスの価値）のような主観的な「価値」の認識が，行動を予測するとしている。課題がうまくできそうかという認知も重要であるが，課題をおもしろそうだと捉えているか，役に立つものと認めているか，あるいは，失うものがあるのではと考えているか，こういった価値の認識についても動機づけを大きく左右する機能をもっている。

　Wigfield & Eccles（2002）の価値は，どちらかというと課題そのものに内在するものであるが，鹿毛（2013）は，表5.1に示すような6つのカテゴリーでの分類を試みている。課題に固有な属性によって形成される「課題内生的な価値」として，「興味関連価値」「実用関連価値」「文化関連価値」があり，いっぽうで，課題の属性とは無関係な「課題外生的な価値」として「自我関連価値」「報酬関連価値」「対人関連価値」があげられている。

　「興味関連価値」とは，課題に楽しさや興味があるかということであり，「実用関連価値」とは，手段的な有用性があるかということであり，「文化関連価値」とは，所属する文化において適応的な意味があるかということである。これらに対して，「自我関連価値」とは，課題を成し遂げることで，自尊感情を満たすものであるか，「報酬関連価値」とは，何らの利益が得られるかどうかということであり，「対人関連価値」は，人間関係において何らかの効用があ

表5.1 達成課題に関する価値のカテゴリーの評価基準の例（鹿毛 2013をもとに作成）

課題内生的な価値		課題外生的な価値	
興味関連価値	興味深い―つまらない	自我関連価値	自分を誇らしく感じる―自分が惨めになる
実用関連価値	役に立つ―立たない	報酬関連価値	得をする―損をする
文化関連価値	社会的に望ましい―望ましくない	対人関連価値	他者の期待に応える―他者が望まない

るのかどうかということである。

　教育実践にあたっては，教材や学習活動が有している価値についてどのような認識をもたせるかが重要になってくる。授業の進行とともに形成される「期待」とともに，これらの「価値」が学習への動機づけに大きな影響をもたらすことになる。6つの価値の分類枠をもとにして，それぞれの授業がねらいとしている価値について精緻に捉え直してみる必要があるだろう。

（5）達成目標理論

　人が学ぶことに動機づけられているとき，成し遂げたい対象，めざしたい対象に向かって努力がなされる。いわゆる「目標」であるが，動機づけ研究において主要な認知的要因として位置づけられてきた。児童・生徒の学習に関する目標としては，達成場面における目標ということで「達成目標理論」が，これまでに数多くの研究知見を提供してきている。この「達成目標」は，「次の試験で100点をめざす」といった量的な目標というよりは，「なぜこの科目を学ぼうとするのか」という理由に相当する質的な目標のことを意味している。この「なぜ」についての説明は，個人によって異なる傾向があり，学校や家庭，スポーツなどの達成場面において異なる行動アプローチを導くこととなる。達成目標理論では，「マスタリー（習得）目標（mastery goal）」と「パフォーマンス（遂行）目標（performance goal）」という2つの対立的な目標によって，動機づけの理論モデル化が試みられてきた（Dweck 1986参照）。

　それぞれの目標が何を表しているかということであるが，マスタリー目標は，

第5章 動機づけと学習 93

学業でも運動でも，何かをマスターすることをめざすものである。できるように
なる，わかるようになるということで，自らの能力を発達させることが目標
となる。マスタリー目標をもつと，課題そのものに注意が向けられることにな
る。

　いっぽうで，パフォーマンス目標とは，他人よりもよい成績をとり，自分の
能力の高さを示すことをめざすものである。「自分は人よりもすぐれているだ
ろうか，頭がいいと思われているだろうか」といった意識のもち方とかかわっ
ている。したがって，パフォーマンス目標を抱くと，学習内容そのものという
よりも，自分自身のあり方，有能さに注意が向けられやすくなる。

　マスタリー目標とパフォーマンス目標のいずれが，望ましい学習行動をもた
らすのであろうか。マスタリー目標をもつ子どもは，仲間との比較にとらわれ
るというよりは，自分自身がどれだけ成長したかということに関心があるため，
積極的な姿勢で学習に臨む場合が多いだろう。熟達することが目標であるため，
絶えず自己改善を図り，進歩と向上に努める傾向にある。多大な努力を費やし，
粘り強さでもって困難に打ち克とうとする。いっぽう，パフォーマンス目標を
もつ子どもの場合は，他人に自分の有能さを示すことが目標であるため，いか
にすれば仲間をしのぐことができるかにエネルギーが向けられることになる。
できるだけ少ない努力で成功を収めたほうが，有能さの証しとなるため，根気
強く取り組み続けることもあまりみられないだろう。

　このような目標がもつ心理的な機能は，個人レベルのみならず，集団レベル，
すなわち，教室の全体において作用するものとして捉えることもできる。
Ames（1992）は，集団レベルでの目標のあり方を「教室における目標構造
（goal structure）」という概念で検討を試みている。Ames（1992）の研究によれ
ば，マスタリー目標を支えるクラスの構造と教師による具体的な指導方法は，
次の3つの次元にまとめられる。1つ目の次元は，子ども一人ひとりにとって
興味深く，挑戦しがいのある「課題」が設定されていること，2つ目の次元は，
すべての子どもの意思決定が尊重されているかという「権威」のあり方，3つ
目は，一人ひとりの子どもにどのような進歩や向上がみられたかという観点か

ら「評価と承認」が行われているかということである。入試という選抜システムが目標構造を誘導する側面があることは否めないが，それでも，あらゆる学校段階の教師は，自身のクラスがマスタリー目標構造をもつよう留意し，粘り強く子どもたちに働きかけつづける必要がある。

（6）学業的目標と社会的目標

　教室はクラスの子どもたちの人間関係によって成り立っている。学習において何をめざすかということとともに，人間関係において何をめざすかという側面も重要になる。社会的な側面に向けられた目標が学業達成を導いていることが明らかにされてきており，中谷（2006）は，「規範遵守目標」と「向社会的目標」という2つの「社会的責任目標」を取り上げて，学習成果をどのように規定しているかについて検証を行っている。「規範遵守目標」とは，教室における暗黙のルールや明示的なルールを守り，規範に従おうとするもので，「向社会的目標」とは，仲間を励ましたり手助けをしたりするなど，協力や援助を目標とするものである。両者の目標は，社会的に期待される役割や規範を守る目標であり，社会的責任を構成する中心的な目標とされている。

　小学生を対象にした調査の結果を図5.1に示す。マスタリー目標は，直接的に学習への動機づけや学習成果を規定していたが，社会的責任目標については，対人関係のあり方を介して望ましい成果をもたらすことが示されている。社会的責任目標の高い子どもは，クラスのルールを守り，仲間の手助けをしようとする傾向にあるので，教師やクラスメートから受け容れられやすい。教室の人間関係のなかで受容されれば，学習面でもさまざまな支援が得られやすくなり，学ぶことに対する動機づけも高まりやすくなるだろう。岡田（2013）の研究でも示唆されているように，仲間との関係に前向きな動機づけをもっていることは，クラスのなかでの良好な学習適応を促すことになる。

　クラスづくり，授業づくりにあたっては，目標の多面性，重層性を考慮する必要があるだろう。クラスの目標構造は，社会的目標についてもあてはまるという知見がある（大谷・岡田・中谷・伊藤　2016）。多様な目標，いわば，子ど

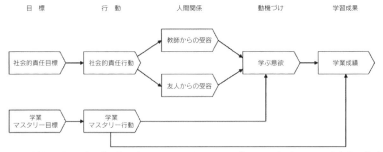

図5.1 社会的責任目標が学業達成において影響を及ぼすプロセス（中谷 2007 をもとに作成）

もたちの願いが，あたかも，綾をなし，重層的に織りなす姿となり，ひいては，クラスの風土なるものを創り上げていくことになるだろう。

（7）興　味

「興味」とは，おもしろいと感じること，物事にひかれることであるが，心理学研究では，感情の一種として位置づけられてきた。興味の生起を規定する要件とメカニズムは次のとおりである（Silvia　2006；鹿毛　2013参照）。外側にある要件として，新奇さ，複雑さ，驚きなどを生み出す対象や活動内容があり，教育的な，対人的なかかわりも，「状況興味」を引き出すことになる。内側の要件としては，人それぞれに特定の領域に対する好みが個人差としてあり，これは「特性興味」と呼ばれる。そして，さまざまな特性興味をもつ各個人がいて，直面する「状況」との相互作用[4]によって，「おや何だろう？」「もっと知りたいな」という「状態興味」が喚起されることになる。「状態興味」は，ある状況下における内的な心理状態として，人が「何かに興味を抱く」ということである。「状態興味」の発現は，内側と外側の要件の相互作用によるものとして，理論上は説明できるのではあるが，実際の現象としては，両要件が相互作用して創り出されるものである。

教育実践の観点からすると，長期的にみて興味がどのようにして育まれていくかについても考えておく必要がある。Hidi & Renninger（2006）は，図5.2にあるような興味の発達の4段階モデルを提唱している。それぞれの子どもの

> **第Ⅰ段階　喚起された状態としての興味**
> 感情と認知の処理における短期的な変化から生じてくる心理的状態である。
> 注意の焦点化がなされている。最初の感情反応はネガティブであるかもしれない。
> 情報に意外性がある。環境の特性に個人的な関連性や適切性があり，これがきっかけとなる。

> **第Ⅱ段階　維持された状態としての興味**
> 出来事が広がったり再び生じたりする過程で，注意が焦点化され，持続していく。
> 粘り強く取り組んでおり，課題への関与によって意味づけがなされ，興味が維持する。
> 感情反応はポジティブなものになっている。

> **第Ⅲ段階　創発した個人特性としての興味**
> 特定の内容に何度も取り組もうとする比較的永続的な傾性の初期段階である。
> ポジティブな感情と，内容に関連した価値と知識が蓄えられ始める。
> 自己省察がその内容に疑問を感じる好奇心をもたらす（＝自己調整の開始）。

> **第Ⅳ段階　十分に発達した個人特性としての興味**
> 状態興味とともに，長期間にわたる安定的な傾性が確立する。
> さらに，ポジティブな感情，知識の増大，価値の集積がなされる。
> 自己調整が増して，自己省察もより高い水準になる。

図 5.2　興味の発達の 4 段階モデル（Hidi & Renninger　2006 をもとに作成）

興味の発達段階についてみとり，また，いかにすれば発達を促すことができるかについて十分に考慮していくことが求められる。

3　自己調整学習

（1）自己調整とは何か

　変化の激しい予測困難な現代，学校教育においては，子どもはもちろんのこと，教師自身も生涯にわたって学び続ける力を身につけることが求められている。自ら学び続ける力については，教育心理学の領域を中心に「自己調整学習（self-regulated learning）」というテーマで検討が進められてきている。Zimmerman & Schunk（2011）による定義づけに従えば，「自己調整（self-regulated）」とは，「学習者が自らの学びの目標の達成に向かって，組織的・計画的な形で，自らの認知，情動，行動を活性化し維持する一連のプロセスのこと」を表している。

第 5 章　動機づけと学習　　97

学習をはじめ，さまざまな活動を「自己調整する」とは，どういうことか。自分なりの学びの目標を立て，これを実現するために適切な学習方略[5]を実行し，その過程についてモニタリングと自己評価をしながら学習を進めていくことである。自己に対する調整のみならず，学習環境を望ましい形に自ら整えて，学びの手ごたえを実感しつつ，さらに学ぼうとする動機づけを高めていく。この実感は，自己効力感の形成を促すことになる。

（2）自己調整のサイクル

このような自己調整のプロセスは，図5.3に示すサイクルで説明がなされ，多くの実証的研究が積み重ねられてきた（Zimmerman & Schunk 2011；伊藤2009参照）。とくに「見通す」「学び深める」「振り返る」の3つのステップが重要であり，これらは，時間の経過とともに循環的に，そして，螺旋的な形でサイクルをなしていくものと考えられている。それぞれのステップがどのようにして学び続ける力を支えているか，みていくことにする。

まず，「見通す」ステップは，「予見」とも呼ばれるが，特定の学習活動に入っていく事前ないし初期において重要な段階である。何を学び，成し遂げたいかという学習目標の設定を行うこと，そのためにどのような内容を，どのような進め方で行うか（学習方略を含む）について，自分なりのプランを立てること（「プランニング」という），活動を前にして，自ら学ぼうとする動機づけが高まっていること，これらのことが自己調整のプロセスとして求められる。自己効力感や興味をはじめとした動機づけ要因が自己調整のサイクルを力強く駆動させることになる。

次の「学び深める」ステップは，「遂行コントロール」と呼ばれたりするが，学習活動に取り組んでいる最中に作用するものである。自己調整にあたって中心的な働きをするのは，「（メタ認知[6]的）モニタリング」と「（メタ認知的）コントロール」である（メタ認知については第4章参照）。学習のプランに沿って学べているかどうかについてモニタリングを行い，うまく進んでいなかったら，適宜，軌道修正を行うこと，すなわち，自らをコントロールする力が求めら

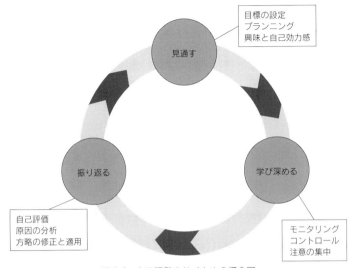

図5.3 自己調整のサイクルの概念図

る。学習内容の理解と思考に関するメタ認知による自己調整に加えて，自らの注意を集中し維持したり，学習への動機づけが低下してきたら，自らを鼓舞したりするなど，「動機づけ調整」と呼ばれるプロセスも鍵を握っている（コラム⑥を参照）。

　3つ目の「振り返る」ステップは，「自己省察」とも呼ばれるが，ある程度，学習が進んできたところで，そこまでのプロセスや成果について見直す段階である。学びの成否についての自分なりの自己評価をし，なぜ成功したか，あるいは，うまくいかなかったのかに関して原因の分析を行う。能動的な自己調整がなされている場合，成果については，「次もできるはずだ」と自己効力感につなげ，いっぽう，課題については，取り組み方や学び方（学習方略）を見直し，次のプランニングに結びつけていく。場合によっては，学習目標そのものを見直すこともあるだろう。このような形で，それぞれのステップが次のステップに対して確かなサイクルをなして，学習が深化していくことが，まさに自己調整による学習と呼ばれるものである。

（３）教育実践に向けて─自己調整をふまえた授業実践例

　現行の学習指導要領の「総則」では，各教科等の指導にあたっての配慮事項として「児童・生徒が，学習の見通しを立てたり学習したことを振り返ったりする活動を，計画的に取り入れるように工夫すること」が強く求められてきている。これは，まさに学びの自己調整を促すことが求められているということである。2017 年 3 月に公示された新しい学習指導要領においても，引き続き，この考え方が踏襲されている。

　実際の授業づくりにあたって，どのような工夫が求められるだろうか。横浜国立大学教育人間科学部附属横浜中学校（2015）の実践が示唆的であり，自己調整のサイクルを確かな形で実現する試みとなっている。附属横浜中学校では，学習意欲の向上と思考力・判断力・表現力等の育成を図るべく，「結果の見通し」「方法の見通し」「結果の振り返り」「方法の振り返り」を行う学習活動を授業の流れのなかに位置づける提案を行っている。これは，授業の冒頭で，漠然としたお題目のようなものをねらいとして掲げるのではない。どのような力を身につけ，どのような具体的な学びの成果をめざすのかという「結果の見通し」を子どもたち自身にもたせることに加え，そうした成果を実現するためにどのような方法で取り組んでゆけばよいかの「方法の見通し」までをも促すことを薦めている。また，振り返りに際しても，単に「できた」「わかった」の感想を求めるものではない。具体的な学びの成果はもちろん，どのような学びの道筋を経てたどり着いたのかについて改めて見つめ直すことで，次の学びのサイクルをより確かなものとすることを意図している。このような学習活動を取り入れる意義は，まず，「結果」のみならず「方法」の「見通し」をあわせもつことによって学習方略がより活性化されやすくなり，この見通しは「自分にもできそうだ」という自己効力感を支えることにもなる。さらに，「結果」のみならずプロセスの「振り返り」を求めることによって，精緻な見通しのもと，参照できる基準が明確となり，「何を学んだか」そして「いかに学んだか」「いかにしてできるようになったか」に関する深い自己省察がなされることになる。このように深く学びのプロセスに目を向けることで，たとえ学びにつま

ずいたとしても，次はこうすればよいのではないかといった思考が促され，そして，さらに自ら学びに向かっていこうとする姿勢をも育むことになるだろう。

　自己調整をふまえた教育実践にあたっては，一人ひとりの子どもたちのキャリア・ゴールの多様性について考えておく必要がある。目の前の学びのゴールから人生のゴールまで，目標には階層性のようなものがありうるだろう。その子どもなりの目標に向かって自己調整のサイクルは，循環的かつ螺旋的な形で進んでいく。生涯学び続ける力を支えていくにあたって，一人ひとりの教師が，長期的な視点をもちつつ，子どもたちの多様性もふまえて，自己調整のステップに対して包括的，統合的な支援や指導がいかに可能であるか考えていく必要があるだろう。

> **深い学びのための課題**
> 1. 自ら学び続ける力を育てる授業実践のあり方について考えてみよう。それぞれの学校段階によってどのような実践が求められるだろうか？
> 2. 動機づけ理論をふまえて，主体的・対話的で深い学びが成立する心理的なメカニズムについて話し合ってみよう。

注
1）この資質・能力がいかに身につくのかについては，次の3つの柱で明確化されている。①生きて働く「知識・技能」の習得，②未知の状況にも対応できる「思考力・判断力・表現力等」の育成，③学びを人生や社会に生かそうとする「学びに向かう力・人間性」の涵養，の3つである。自立的に生きるために必要な「生きる力」を育むという理念のもと，学校教育を通じて，これらの資質・能力を身につけることがめざされている。
2）Reeve & Tseng（2011）は，第4の次元として「エイジェンティック・エンゲージメント（agentic engagement）」の存在を実証的に明らかにしている。「エイジェント（agent）」，すなわち「行為を生み出す主体者」としての感覚を打ち出す形で，活動に取り組めているかということで，「授業のなかで，自分の意見や好みを表明できているか」「自分が何に興味を抱いているかを教師に伝えているか」「どうすれば，よりよい学習活動となるか，何か提案ができているか」といった具体例があげられている。これらは，主体的な学習態度と密接なエンゲージメントの次元であり，教師が子どもたちの自律性を支援しようとするクラスのなかで発現しやすいものと考えられる。
3）「学習に対する意欲」のことであるが，「学びたい」という欲求と，「成し遂げたい」という意志，すなわち「意」と「欲」の両者があってはじめて，日常語としての「学習意欲」は成立する（鹿毛2013）。
4）人と状況との相互作用によって，内的な条件である「特性興味」が，興味を活性化する場合，これをとくに「顕現興味」と呼ぶ（Silvia 2006）。たとえば，もともと歴史に興味がある人が，旅先

で，その土地の史跡や文化遺産に目が向いてしまうのは，顕現興味によるものといえるだろう。

5）「自らの認知についての認知のこと」で，自分のことを一段高いところから見つめることができる力のことをさしている。詳細は本書の第3章を参照のこと。

6）心理学では，学習を効果的なものにするための方法や工夫のことを「学習方略」という。詳細は本書の第3章を参照のこと。

引用・参考文献

猪股佐登留（1982）『態度の心理学』培風館

伊藤崇達（2009）『自己調整学習の成立過程―学習方略と動機づけの役割』北大路書房

伊藤崇達・神藤貴昭（2003）「中学生用自己動機づけ方略尺度の作成」『心理学研究』*74*, 209-217頁

上淵寿編（2004）『動機づけ研究の最前線』北大路書房

梅本貴豊・田中健史朗（2012）「大学生における動機づけ調整方略」『パーソナリティ研究』*21*, 138-151頁

大谷和大・岡田涼・中谷素之・伊藤崇達（2016）「学級における社会的目標構造と学習動機づけの関連―友人との相互学習を媒介したモデルの検討」『教育心理学研究』*64*, 477-491頁

岡田涼（2013）『友だちとのかかわりを促すモチベーション―自律的動機づけからみた友人関係』北大路書房

鹿毛雅治（2004）「『動機づけ研究』へのいざない」上淵寿編『動機づけ研究の最前線』北大路書房，1-28頁

――（2013）『学習意欲の理論―動機づけの教育心理学』金子書房

――編（2017）『パフォーマンスがわかる12の理論―「クリエイティヴに生きるための心理学」入門！』金剛出版

櫻井茂男（2009）『自ら学ぶ意欲の心理学―キャリア発達の視点を加えて』有斐閣

中央教育審議会（2016）「教育課程部会 総則・評価特別部会（第4回）配付資料」文部科学省，http://www.mext.go.jp/b_menu/shingi/chukyo/chukyo3/061/siryo/1366444.htm（2017年9月22日）

外山美樹（2011）『行動を起こし，持続する力―モチベーションの心理学』新曜社

中谷素之（2006）『社会的責任目標と学業達成過程』風間書房

速水敏彦（1998）『自己形成の心理―自律的動機づけ』金子書房

――（2012）『感情的動機づけ理論の展開―やる気の素顔』ナカニシヤ出版

横浜国立大学教育人間科学部附属横浜中学校編（2015）『思考力・判断力・表現力等を育成する指導と評価V 「見通す・振り返る」学習活動を重視した授業事例集』学事出版

Ames, C. (1992) Classrooms: Goals, structures, and student motivation. *Journal of Educational Psychology, 84,* 261-271.

Bandura, A. (1977) Self-efficacy: Toward a unifying theory of behavioral change. *Psychological Review, 84,* 191-215

Christenson, S. L., Reschly, A. L. & Wylie, C. (Eds.) (2012) *Handbook of Research on Student Engagement.* New York, NY: Springer Science + Business Media.

Dweck, C. S. (1986) Motivational processes affecting learning. *American Psychologist, 41,* 1040-1048.

Hidi, S. & Renninger, K. (2006) The four-phase model of interest development. *Educational Psychologist, 41,* 111-127.

Keller, J. M. (2009) Motivational Design for Learning and Performance: The ARCS Model Approach. New York, NY: Springer Science + Business Media. （ケラー J. M.／鈴木克明監訳（2009）『学習意欲をデザインする―ARCSモデルによるインストラクショナルデザイン』北大路書房）

Reeve, J. & Tseng, C.-M. (2011) Agency as a fourth aspect of students' engagement during learning activities. *Contemporary Educational Psychology, 36*, 257–267.

Silvia, P. J.（2006）*Exploring the Psychology of Interest*. New York, NY: Oxford University Press.

Wigfield, A. & Eccles, J.（Eds.）（2002）*Development of Achievement Motivation*. San Diego, CA: Academic Press.

Wolters, C. A.（1998）Self-regulated learning and college students' regulation of motivation. *Journal of Educational Psychology, 90*, 224–235.

Zimmerman, B. J. & Schunk, D. H.（Eds.）（2011）*Handbook of Self-regulation of Learning and Performance*. New York, NY: Routledge.（ジマーマン B. J. ・シャンク D. H.／塚野州一・伊藤崇達監訳（2014）『自己調整学習ハンドブック』北大路書房）

■コラム⑥　学びに向かう心持ちをいかに整えるか？　―動機づけの自己調整

　主体的に深く学ぶにあたって，いかに学ぶか，すなわち，学び方が身についているかが1つの決め手となる。心理学では，学習方略の研究として膨大な知見があるが，多くの研究は，記憶や理解，思考をいかに効果的なものにするか，それらの自己調整のあり方に焦点が向けられてきた。教科学習のねらいが，教科の本質にかかわる認識を深めていく過程にあることを考えると，認知的な側面を重視した学習方略の獲得がまず重要である。そして，学習過程の自己調整ということを考慮すると，認知的側面以外の自己調整についても着目していく必要がある。自ら学び続けるためには，自らの情動を含めた「動機づけ」そのものも，適切に自己調整すること，すなわち，「動機づけの自己調整」が鍵を握っていることが明らかにされている。学習動機づけの自己調整は，「動機づけ調整」や「自己動機づけ」などと呼称され，自らの動機づけを喚起したり維持したりする効果的な方法についても明らかにされてきている。

　本邦の研究では，たとえば，伊藤・神藤（2003）は，中学生を対象にした調査をもとに，表5.2に示すような7つの方略カテゴリーを見いだしている。

　大学生を対象にした調査をもとに，梅本・田中（2012）は，「興味高揚方略」「価値づけ方略」「達成想像方略」「協同方略」「成績重視方略」「環境調整方略」「認知変容方略」の7つの方略カテゴリーを明らかにしている。これらのような学習方略は，学習の持続性や学習への取り組みに一定の影響をもたらしている可能性が示唆されている。

表5.2　動機づけ調整方略のカテゴリー（伊藤・神藤，2003をもとに作成）

カテゴリー		動機づけ調整方略の内容
上位	下位	
内発的調整方略	整理方略	ノートのまとめ方，部屋や机などの環境を整えることで動機づけを調整する。
	想像方略	将来のことを考えたり，積極的な思考をしたりすることで動機づけを高める。
	めりはり方略	学習時間の区切りをうまくつけて集中力を高める。
	内容方略	学習内容を身近なこと，よく知っていることや興味のあることと関係づける。
	社会的方略	友だちとともに学習をしたり相談をしたりすることで自らを動機づける。
外発的調整方略	負担軽減方略	得意なところや簡単なところをしたり，飽きたら別のことをしたり，休憩をしたりするなど，負担の軽減を図る。
	報酬方略	飲食や親からのごほうび，すなわち，外的な報酬によって学習へのやる気を高める。

第6章

コミュニケーションと学習

1 知識を深く学習する

新しい知識を獲得する際には，その知識を深く学習することが重要である。下記の事例6.1に示したような2名の生徒がいたとする。どちらの生徒のほうが，アルマダの海戦という出来事について，より深く学習していると感じるだろうか。生徒1は年代を正確に答えているが，丸暗記をしているだけで，その出来事の歴史的意味などについては理解していないと推測できる。生徒2は年代を正確に記憶していないが，ほかの国の状況と関連づけたりしながら，この出来事の意味を理解していることがわかる。どちらが知識をより長い期間保持

事例6.1　アルマダの海戦についての2人の生徒の理解（Pellegrino, J. W., Chudowsky, N. & Glaser, R. (2001): p.28 BOX1-2 より引用）

【生徒1とのやりとり】
Q．スペイン無敵艦隊の敗戦はいつの出来事ですか？
A．1588年です。［正しい年］
Q．その出来事について何か教えてもらえますか。
A．とくに話すことはないですね。試験のために記憶した年代の1つですから。ほかにも言いましょうか？

【生徒2とのやりとり】
Q．スペイン無敵艦隊の敗戦はいつの出来事ですか？
A．1590年あたりにちがいないと思います。
Q．なんでそう考えるのですか？
A．正確な年代はわかりませんが，イングランドがヴァージニアに定住しはじめたのが1600年直後くらいだということはわかっています。スペインが支配力をもっていたとすれば，彼らはそんな向こう見ずな海外探査はしないでしょう。遠征隊を組織するためには少し時間がかかるでしょうから，イングランドが海戦において優位に立ったのは，おおよそ1500年代の終わりごろにちがいないと思います。

105

したり，別の問題に活用したりできそうかと問われると，生徒2だと感じる人が多いのではないだろうか。

ソーヤー（Sawyer 2005）は知識の深い学習の特徴として，①既有知識や経験と関連づけること，②知識を相互に関連づけられた体系的なシステムへと統合すること，③単に事実を記憶するだけでなく，「なぜ」「いかにして」そうなるのかを理解すること，④知識は絶対的なものだと考えて鵜呑みにしようとするのではなく，実践の共同体のなかでの対話を通じて構成されたものだと考えて，その知識の確かさを批判的に検討すること，⑤自分自身の理解や学習の仕方を振り返ることなどの点をあげている。事例6.1においては，生徒2のほうがこれらの特徴に合致した学習をしていると推測できる。本章では，このような知識を深く学習する過程について，教師と児童・生徒のコミュニケーション，児童・生徒どうしのコミュニケーションの質という観点から論じていく。

2 コミュニケーションと学習

（1）学習過程としてのコミュニケーション

私たちは，さまざまな場面で他者とのコミュニケーションを通じて学習をする。ただし，どのようなコミュニケーションがなされるかは，その状況によって異なる。たとえば，学校，学級，教科，教材，授業の目的などのちがいによって，授業中のコミュニケーションの過程も異なるだろう。私たちの学習を他者との協同的な営みだと考えると，そのようなコミュニケーションのちがいは，学習の仕方や質のちがいを意味する。したがって，児童・生徒の学習過程を理解するうえで，学習を媒介するコミュニケーションの性質を理解することが不可欠となる。

コミュニケーションを定義することは非常にむずかしいが，本章では"言語や非言語によって，他者に何らかのメッセージを伝えようとする，もしくは，他者が自分に伝えようとしているメッセージを受け取ろうとする行為"とする。実際のコミュニケーションにおいては，言語的側面と非言語的側面の両方が一体となってメッセージが伝えられ，受けとられるものだと想定されるが，本章

では言語的な側面を中心に論じていく。

（2）教室の相互作用分析

　コミュニケーションの視点から学習過程を理解する場合，発話の内容だけでなく，その発話がどのような文脈で，どのような発話行為（Searle　1969）としてなされたのか，という点が重要となる。あなたが指導教員に「明日の10時に卒業研究の指導をしてください」と言ったとすると，それは【依頼】という行為であるし，次の日に遅刻をして「本当に申し訳ありませんでした」言ったとすると，それは【謝罪】という行為である。このように，私たちは，発話によって内容を伝えると同時に，何らかの行為を遂行することができる。学校の授業でも同様であり，教師や子どもの発話は，他者に対して何らかの働きかけをする行為とみなすことができる。

　授業中の発話を行為として解釈し，そのパターンから授業の全体的な特徴を把握しようとしたのが，フランダース（Flanders　1970）やベラック（Bellack 1966）に代表される，教室談話の相互作用分析である。フランダースはFIAC（Flanders' Interaction Analysis Categories）という分析カテゴリーを用いて，授業中の教師と子どもの発話を3秒ごとに分類し，その関連性を図式化することで，教室のコミュニケーションの特徴を記述した。FIACには教師の発話を分類するカテゴリーとして【賞賛と励まし】（子どもの行動について賞賛や励ましを行う。緊張を解きほぐすための冗談を言ったり，あいづちをうったりするような行動を含む），【講義】（授業の内容や手続きに関する説明や考えを示す）などの7種類が含まれている。子どもの発話を分類するカテゴリーは，教師に促された発話，子どもが自主的に行った発話の2種類である。これらのカテゴリーの組み合わせによって【講義】が連続する教師の直接的な影響力が強い授業，子どもの【自主的な発言】の割合が高い授業，といったような特徴が記述される。

（3）教室談話における IRE 連鎖

　教室談話を対象とした相互作用分析や社会言語学的な分析（Mehan　1979 参

照）を通じて，教室では事例 6.2 のような教師と子どものやりとりが特徴的に
みられることが指摘されてきた。

事例 6.2　授業における IRE 連鎖（著者が架空のやりとりを創作したもの）

> 教　師：「太郎さんは 1 個 10 円のあめを 5 個買って，お店の人に 100 円を渡しました。
> 　おつりはいくらでしょうか。はい，A さん。」
> 児童 A：「50 円です。」
> 教　師：「はい，そうですね。」

　教師の最初の発話は【発問（質問）】である。それに対して児童は合計金額
を【回答】している。その回答に対して教師は【評価】【応答】を行っている。
このように，発問などによって教師が会話を切り出し（Initiation），それに子
どもが回答し（Response），さらに教師が評価（Evaluation）するというやりと
りを IRE 連鎖（Mehan　1979）と呼ぶ。このようなパターンが教師と児童のや
りとりの 70％を占めるという指摘もあり（Wells　1993），多くの人が自然なも
のだと感じるのではないだろうか。しかし，日常生活の文脈において考えると，
答えを知っている人が，答えを知らない人に対して質問をするというのは，非
常に不自然なやりとりである。その点で，IRE 連鎖は学校の授業という文脈に
特徴的なパターンだといえる。

　IRE 連鎖は，授業を営むうえでどのような意味をもっているのだろうか。知
識の深い学習とは対照的な考え方に教授主義と呼ばれるものがある。教授主義
とは，より多くの事実と手続きを生徒に身につけさせることを目的として，教
師が生徒の頭の中に事実と手続きを注入するという教育観（学習観）である
（Sawyer　2005）。IRE 連鎖は，教師が教えたことを子どもたちがおぼえている
かを確認する，教師の計画に沿って授業が展開するように誘導する，子どもの
発言に含まれる誤った情報を修正するといった教師主導の授業展開を支えるた
めに有効なコミュニケーションだという指摘がなされるが，教授主義の教育観
に基づく授業と相性のよいコミュニケーションだといえるのではないだろうか。
もちろん，教師が授業の目標や展開を計画し，その達成に向けて子どもたちを
導いていくことは重要である。しかし，授業におけるコミュニケーションの大

半が IRE 連鎖のパターンで占められている場合，子どもたちの活動は教師が望む回答を探すことに終始し，自分の理解を振り返ったり，表現したりすることや，ほかの人の多様な考え方を知ることや，自ら問いを見つけ，知識を批判的に吟味・検討するといった深い学習のための機会が失われてしまうという指摘がある（Lemke 1990）。授業におけるコミュニケーションの基本パターンとしての IRE 連鎖の役割は安易に否定できるものではない。しかし，そのメリットとデメリットを理解したうえで，教育の目的によって，多様なコミュニケーションのあり方を模索し，拡張していくことが必要である。

③ 他者との協同による学習

（1）学習における多様なコミュニケーション

児童・生徒の深い学習を促すための取り組みとして，子どもが互いに協同して問題解決する活動を授業に取り入れている学級も少なくない。しかし，単にそのような活動の場を設定しさえすれば，効果的な学習がなされるというわけではない。学習過程におけるコミュニケーションの質が重要となる。

グラノット（Granott 1993）は，協同性と参加者の熟達度という視点から，協同活動中の相互作用の質を分類した（図6.1）。ここでの協同性とは，参加者が共通の目標に向かって主体的に活動に参加し，貢献していること，学習の過程を常に共有しながら活動が展開していることなどをさす。熟達の程度が近い者どうしが協同的な相互作用をしている場合には「相互的な協同」とされるが，自分がやっていることだけに集中して，他者に関心を示さなかったり，相手の話を注意深く聞いていなかったり，簡単な情報交換程度のやりとりにとどまっていたりするような場合には「並行活動」とされる。熟達の程度が異なる者どうしが相互作用をしている場合，熟達者が援助しながら初心者の知識構築を支えていく「足場づくり」や，熟達者は初心者を導くのではなく自分の活動に専念し，初心者は熟達者の姿をモデルとしながら学ぶ「模倣」などに分類される。

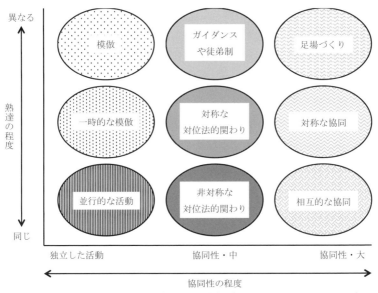

図6.1 協同性と熟達の程度による相互作用の分類 (Granott 1993：p.187, Fig7.2.)

(2) ピアでの学習と認知的葛藤

　知識や能力の水準が比較的近い者どうし（ピア）でなされる協同的な学習をピア・ラーニングと呼ぶ。ピア・ラーニングにおいては，他者から自分と異なる考え方が提示されたり，自分の意見に対する反論や質問を受けたりすることで生じる，認知的な葛藤の解決が重要な役割を果たすと考えられる。たとえば，バーコヴィッツとギッブス（Berkowitz & Gibbs　1983）は，参加者が自分の考えを主張するだけのかかわりではなく，互いの思考過程にかかわりあう，トランザクティブ・ディスカッション（Transactive discussion）の重要性を指摘している。高垣・田原（2005）による小学校4年生の理科の授業を対象とした分析では，他者の論述に揺さぶりをかけたり，他者あるいは自己の考えを認知的に操作したり，変換させたりする「操作的トランザクション」が積極的に行われることで，自己と他者の考え方のズレが顕在化し，認知的葛藤が生じることが示されている。そして，認知的葛藤を解決しようとする過程では，自分の考

えをうまく説明できないといった状況をきっかけとして，自己の理解を振り返って限界に気づくといったメタ認知的モニタリングや，自分の考えと実験によって得られたデータとの統合的な理解が生じることが示されている。

クルーガーとトマセロ（Kruger & Tomasello　1986）は，母親とのペアで課題に取り組んだ子どもと，同年代の子どもとのペアで課題に取り組んだ子どもの課題遂行中の発話を比較した。その結果，同年代の子どもとのペアで課題に取り組んだ子どもたちは，上記のトランザクティブ・ディスカッションに該当するような，他者の発言に対して批判，精緻化，言い換えを行う割合や，考えの明確化，正当化，精緻化を求めるような発話を行う割合が高いことが示された。すなわち，ピアでの学習という状況は認知的葛藤が有効に機能しやすい状況であると考えられる。

マーサー（Mercer　1995）は子どもが協同で問題解決を行う際のコミュニケーションを「競争型の話し合い（Disputational talk）」「共感型の話し合い（Cumulative talk）」「探求型の話し合い（Exploratoly talk）」の3種類に分類している。協同の効果が最も低いとされる競争型の話し合いの特徴は，自分の意見の主張や，他者の意見の反論が中心であること，自分の考えを相手に丁寧に説明するといったことが少なく，短いやりとりが顕著であること，参加者間の情報共有や建設的な批判や提案がほとんどなされないこと，しばしば意見の決裂が生じ，意思決定も個人的になされることである。事例6.3のやりとりにおいて，児童Aは自分の意見を一方的に主張し，児童Bや児童Cは根拠なくその発言を否定するなど，競争型の話し合いの特徴が顕著に現れている。共感型の話し合いでは，参加者が互いの意見を繰り返したり，確認したり，付け加えた

事例6.3　説明文における段落の中心文を考えている場面でのやりとり（松尾・丸野　2009）

児童A：やっぱ1番って。
児童B：お前の言葉には動揺されんけどね。
児童A：だから，しかしその繁栄は，っていうか…。
児童C：なんでいつもAだけちがうと？意見。
児童A：うん，だけんやっぱり1番にしよう。

りしながら，よりよい解決策を見いだそうとする。その点で競争型の話し合い
よりも協同的ではあるが，互いの意見について建設的な質問や反論を行うと
いったような批判的なかかわりはみられない。そして，協同の効果が最も高い
とされる探求型の話し合いでは，参加者は相互に批判的，かつ建設的にかかわ
りあう。たとえば，誰かの発言や提案は全員で検討がなされ，しばしば反論が
なされることもあるが，その反論は十分な根拠に基づくものであるし，代替の
仮説も提示される。そして，最終的には全員が賛同しながら，考えが展開して
いくとされる。競争型の話し合いにおいて，子どもどうしの意見のちがいはみ
られるが，それが協同思考の展開につながっていないことからもわかるように，
認知的葛藤の有無ということだけでなく，生じた認知的葛藤をそれぞれの参加
者がしっかりと受け止め，真剣に吟味，検討し，解決をめざしていく過程が重
要なのである。

（3）足場づくりを通じた学習

　自分よりも有能な他者と協同しながら学ぶことも，ピアとの学習と同様に非
常に重要な役割を担っている。ヴィゴツキー（Vygotsky　1935）が提唱した発
達の最近接領域の理論では，子どもの知的発達の水準は2つの側面から理解さ
れる。1つは，子どもが独力で問題を解決できる現在の発達水準であり，もう
1つは他者からの援助や他者との協同によって解決が可能になる潜在的な発達
水準である。この2つの水準の間の範囲をヴィゴツキーは発達の最近接領域と
呼んだ。しばしば，後者の発達水準は前者の発達水準を上回る。したがって，
社会的な営みへの参加を通じて，最初は他者との協同において可能であった潜
在的な発達水準が，次第に子ども個人で達成可能な発達水準へと変わっていく
ことによって発達が展開していくと考えられる。
　「足場づくり（Scaffolding）」（Wood, Bruner & Ross　1976）は，子どもや初心
者がより高い水準の課題や目標を達成することができるように，個別指導場面
において指導者が行っているかかわりの特徴を表現した比喩である。たとえば，
学習者の興味を引き出したり，課題に取り組むことを促したり，課題を達成す

るためにしなければならないことの量を調整したり，課題の重要な点を強調したり，モデルを示したりといったかかわりが含まれる。また，このような援助は一時的なものであり，子どもが課題を達成できるようになるにつれて少しずつ減らされていく。近年では，教室での教師と子どもたちのやりとりなど，より幅広い教授・学習過程において，大人が子どもの主体的な学びを援助するために行っている多様なかかわりを理解する枠組みとして足場づくりの概念が用いられている。

　熟達者による援助の重要性を具体的に示している実践として，認知カウンセリング（市川　1993）という取り組みがある。認知カウンセリングは，認知心理学の知見を生かして行う個別指導であり，学習者のメタ認知と学習方略の獲得を促すことを通じて，自立した学習者を育てることが目的となっている。そのため，指導者（カウンセラー）は，子どもに何がわからないのかを説明させる「自己診断」や，まちがいの原因やわかったことなどを言語化させる「教訓帰納」，誰かに教えるつもりで説明することを促す「仮想的教示」などの指導技法を用いる。このような指導者の要求に応えるなかで，子どもたちは自分の理解を振り返り，必要に応じて修正するという認知活動に自然と従事することになる。大人との協同作業を通じて，一人ではメタ認知を働かせることがむずかしい子どもたちの学習を援助し，また，ひいては大人の援助が子ども自身の学習方略として獲得されていくと考えられている。

　発達の最近接領域や足場づくりといった概念において，課題解決の主体は子どもである。大人（より有能な他者）の役割は，子どもの潜在的な能力を引き出し，拡張し，最終的には子どもが独力で問題解決できるように導いていく援助者である。しかし，私たちが実際に子どもたちと関わる際に，自分の考えを一方的に伝えたり，指示に従わせたりすることで，子どもの一時的で表面的なパフォーマンスを高め，そのことで学習が成立したと考えてしまうこともあるのではないだろうか。これらの概念は，私たちが子どもにかかわる際のかかわり方や，子どもとの関係性といったものを見つめ直すための枠組みとして重要なものであろう。

4 **協同的な学習環境を生み出す教師のコミュニケーション**

　授業において子どもたちの協同的な学習を実現することは，多くの教師に
とって容易なことではない。そこで本節では，具体的な授業中のやりとりの事
例を示しながら，協同的な学習環境を生み出す教師のコミュニケーションにつ
いて論じる。

（1）リヴォイシングの多様な機能

　それぞれの子どもは積極的に発言しているが，互いの意見に対するかかわり
合いがみられないという状況は，授業のなかでよく見られる光景である。そこ
で，子どもどうしの話し合いが成立するための足場づくりが教師に求められる。
事例6.4は，小学校2年生の国語の授業において，音読の仕方を考えている場
面でのやりとりである。このやりとりのなかで教師が行っているような，子ど
もの発言の言い換えと確認を含んだ発話は，リヴォイシングと呼ばれる
（O'Connor & Michaels　1996）。教師からこのような応答をされることで，子ど
もは自分の発言を振り返り，必要であれば修正をしたり，言葉を付け足したり
するといった機会を得ることができる。さらに，子どもどうしの協同的な学習

事例6.4　音読の仕方を考えている場面でのやりとり

児童A：あの，ため息，1の場面のDちゃんが言ったように，ため息をつけるように，
　　　　あの，言った，言ったらいいと思います。
教　師：ため息をつくようなね，あの，1の場面のとき？
児童B：質問があります
教　師：はい，Bさん
児童B：この前は，「あぁ」って1度も，1の場面の時に，そこは悲しい場面だったか
　　　　ら，息を吐くようにってDちゃんは言ったけど，今は嬉しくて，お手紙をもらって，
　　　　あの，書いたんだよって，僕がお手紙出したんだものって聞いて，うれしい気持ち
　　　　だから。この前，出したのは，悲しい，一度ももらったことないけど，今は，た
　　　　め息はあんまりつかないんじゃないですか？
児童A：うーんと…ため息をつくように，明るく元気に読んだらいいと思います。
教　師：Aくんはじゃあ，ため息は・・・
児童C：悲しいため息の方じゃない。
教　師：あぁのほうじゃなくって，うれしいって気持ちを伝えたいのかな？

114

を促すという点で，リヴォイシングには以下の機能を期待することができる。第一に再形式化である。これは，教師が子どもの発言に内容を足したり，削除したり，別の表現に置き換えたりすることで，児童の発言の内容や意図などを明確化したり，重要な部分を強調したりする機能である。たとえば「ため息をつくようなね，あの，1の場面のとき？」という発言によって，教師は「ため息をつくように読む」という児童Aの主張と，「複数の場面をつなげて読む」という児童Aの読み方の2点を強調して全体に伝えていると考えられる。相手の考えを推測しながら話を聞くということは，子どもたちにとって非常に重要なことだが，とてもむずかしいことでもある。教師による再形式化のリヴォイシングは，そのような話の聞き方のモデルを提示していると考えることもできる。また，授業中のコミュニケーションには，学級の歴史のなかで構成されてきた，お互いについての認識も影響を及ぼす。たとえば「あの子はいつもまちがったことを言うから，発言をちゃんと聞く必要はない」といったように，他者への認識が話を聞くことを阻害することにもつながりかねない。そのような場合でも，教師が子どもの発言を全体へと広げることによって，誰が言ったかではなく，何を言ったかに注意を向けて話を聞くように促すことも可能になると考えられる。

　リヴォイシングの第二の機能は，「参加者枠組み（participant frameworks）」（Goodwin 1990）の構成である。参加者枠組みとは，話し合いに参加しているそれぞれの学習者が担っている立場や役割，またそれに応じた権利や義務のことをさす。たとえば，「あぁのほうじゃなくって，うれしいって気持ちを伝えたいのかな？」という教師のリヴォイシングは，児童Cの発言にうれしいという言葉を補って再形式化すると同時に，児童Aを1の場面の児童Dとは異なる考えを提案している人という役割として位置づけていることがわかる。授業のなかでは子どもたちは多様な意見を述べるが，同じように聞こえる発言であっても，考えの根拠や解釈の視点などがちがっており，そこに学習を発展させる契機となりうるような認知的葛藤が潜在していることがある。しかし，そのような考えのちがいに子どもたちだけで気づくことは困難である。そこで，

教師がリヴォイシングを通じて参加者枠組みを明確にすることで，さまざまな発言間の関係性を子どもたちに示していくことが重要となる。

（2）子どもと子どもをつなぐ，子どもと教材をつなぐ

　事例6.5は，小学校1年生の国語の授業におけるやりとりである。「くじらぐも」という物語の1場面を実際に動作化してみて，自分がわかったことや感じたことを交流している。最初の段階では，児童Aは自分の感じたことを十分に言語化できていない。ここで教師がリヴォイシングをしたとすれば，教師が児童Aの言いたいことを推測することになるが，教師はその役割を児童Bに任せることで，子どもどうしがかかわりあうコミュニケーションを実現して

事例6.5　動作化をしたあとの意見交流場面でのやりとり

児童A：あ，ちょっと気づいたことなん，あ，自分のことなんですけど，なんか，なんかえっと，天までとどけ，1,2,3のところが，なんか，こう，なんか，ちょっと自分でもわからないんですけど，（教師：聞いて，じゃあみんなに）なんか，こう，めちゃくちゃ，なんかこう，なんか，え，ちょっと忘れました。

児童B：助けます。

教　師：Bさん。なかよしだけん，わかるかもしれんね。どうぞ。

児童B：えっと，Aちゃん，Aさんが言いたかったのは，えっと，あの，あの，ちょっとCちゃんと似てて，あの，みんな，この，1の3のみんなが，ほんとうにくじらぐもの下で，体育をしながら，あの，ジャンプをしたり，している，している気持になったのかなあ，と思います。

教　師：Aちゃんそうだった？　言いたかったの。（※児童Aがうなずく）。思い出した？　じゃあAさん。

児童A：えっと，昨日のかぜみたいなんですけど（教師：Dくん聞いて）なんか，めちゃくちゃ（教師：詩の勉強？）なんか，めちゃくちゃ，なんか，もえてくるような感じ。

教　師：あ，もえてくるような感じ（※子どもたちが挙手）ちょ，ちょっとおろしてください。ということはさっきね，Bさんが書いてくれた，もっともえるの？　これ。もっともっともっともっと

児　童：あ，もっともえます

児　童：もっともっともっともっともっと

教　師：ジャンプできたんだ。なるほどね。こんな気持ちになったから，いきなりかぜが，みんなを空へふきとばしました。そして，あっというまに，せんせいと子どもたちは，手をつないだまま，くものくじらにのっていました。そうだったんだね。

いる。さらに児童Bの推測についても，教師が何かを話すのではなく，児童Aに確認を求めている。そのことで，児童Aは動作化のなかで感じた登場人物の気持ちの強さを，昨日の授業の内容と関連づけながら自分の言葉で説明している。教師はこの児童Aの発言を教材文と結びつけることで，授業の前半部分で子どもたちから出されていた考えを精緻化し，登場人物の気持ちを理解するという国語の授業の目的に沿った展開を生み出している。このような教師の足場づくりに支えられて，児童Aの不十分な発言は，むしろ学習を展開させる重要な資源として機能することになった。もし教師が異なるかかわり方をしていたら，児童Aは自分の気持ちをうまく言葉にして説明することができなかった，というだけで終わってしまっていたかもしれない。このように，協同による思考の展開は，教師，子ども，教材の対話のなかで創発的に生じるものであり，その創発的な思考を生み出すファシリテーターとしての役割が教師に求められるのである。

5 授業の営みを支える社会的規範

（1）教師主導の授業と社会的規範

コミュニケーションの側面から授業における学習過程を理解しようとする場合，授業という営みを成立させている社会的な規範（norms）に注目することも重要である。社会的な規範とは，その状況のなかで自分や他者がいかに振る舞うべきか，どのような権利をもっているか，どのような行為や考え方が価値づけられているかといった内容を含むものであり，従うべき厳密な規定やルールとして明示されているというよりも，しばしば，参加者に明確に意識されていない社会的相互作用の過程における秩序のようなものであるとされる（Yackel, Cobb & Wood　1991）。IRE連鎖は日常生活では不自然なやりとりであると述べた。では，なぜ，そのようなやりとりが学校では自然なものとして受け入れられるのだろうか。その背後には，児童や教師が暗黙のうちに従っている「質問を行うのは教師である」「教師の質問には正しい答えが存在している」「教師は答えを知っている」「答えの正確さのみが教師に評価される」といった

第6章　コミュニケーションと学習　117

授業の規範を推測することができる。このような規範が授業の前提となっているために，IRE 連鎖のようなコミュニケーションを自然なものとして受け入れ，逆に，そのようなコミュニケーションを行うことである種の「授業」に参加するという行為が成立していると考えられる。もしも「先生は答えを知っているのに，僕たちに質問するなんておかしいよ」と言った子どもがいたとしたら，その子は「授業」に参加しようとしていない，とみなされてしまうのではないだろうか。そのほかにも，授業における協同的な学習の妨げとなる規範として，比留間ら（2006）はグループで学習しているにもかかわらず，お互いの机の間に衝立として筆箱や教科書を立てて，協力を排除しようとする子どもたちの姿を例にあげ，学び手の知識・技能・能力観を個人的な評価対象として解釈する「競争的ルール」を指摘している。

　教師主導，正解志向，競争志向の規範が共有されているような学級の場合，教師のリヴォイシングは，子どもにとって，教師が自分の考えをすり替え，それに従わせようとする行為になってしまうかもしれない。子どもたちの話を聞いたり，子どもに考えるための時間を与えたりするための教師の沈黙も，子どもにとっては，早く正しい答えを言わなくてはいけないという焦りのなかで，先生が何を言わせたいのかを必死で考える時間になってしまうかもしれない。また，事例 6.5 の児童 A のように，十分に言葉になっていないが，自分の考えをみんなに話そうとするような挑戦も抑制されてしまうだろう。このように，授業における社会的規範は，教室でのコミュニケーションにおける教師や児童のさまざまなかかわりに影響しており，ひいては教室での学習の質に影響していると考えられる。

（2）協同的な学習を支える社会的規範

　授業において協同的に学習することを促す規範としては，理由を述べながら自分の考えを丁寧に説明すること，ほかの人の話を聞いて理解しようとすること，質問や反論などを積極的に行うこと，さまざまな代案を議論してから決定をすること，全員の参加を促すこと，話し合いを通じて自分の考えをつくるこ

とを目的とすること，提案された意見は個人のものではなく公共的なものとみなすことなどがあげられる（松尾・丸野　2009）。さらに，このような授業全般に共通する規範だけでなく，特定の教科に特化した規範も提唱されている。たとえば，算数や数学の領域に関する社会的規範（Sociomathematical Norms）としては，何が数学的に異なる／洗練された／効率的な解法だとみなされるか，といったことがある（たとえば，Yackel & Cobb　1996）。事例6.6は，小学校5年生の算数の授業における児童の発言である。半径6 cmの半円の円周と4 cmの半円（赤い円）の円周の合計が，半径10cmの半円（青い円）の円周と等しくなる理由を考えている場面である。

　児童Aの発言の興味深い点は，計算して答えがあうということを「理由」としては認めていない点である。教師も「確かめ」と「理由」を異なるものとして扱っているし，ほかの児童もこの児童Aの説明で納得していない。このあとのやりとりでは，「分配法則を使って（4 + 6）× 3.14 × 1 / 2という式にまとめることができるので，10 × 3.14 × 1 / 2という同じ式になる」といった考えや「10,4,6といった数字をa，b，cといった記号に置き換えて式を比べる」といった方法がほかの児童から提案された。そして，子どもたちはそれらの考えを比較し，文字に置き換えるという方法には個々の問題の状況に限定されないというよさがあることに気づいて，最終的にはそのような一般化可能な説明を「理由」として認めた。この一連のやりとりには，「どのような考え方が数学的に認められうるものか」「よい数学的説明とはどのようなものか」といった点に関する，この学級に特有の規範の存在を読み取ることができる。また，

事例6.6　円周が等しくなる理由を説明する場面でのやりとり

児童A：えっと，私はまず，確かめてみたんですけど，青の直径は全部10センチだったんですよ。それで10 × 3.14 × 1 / 2で15.7cmなんですよ。それで，赤の直径はこの小さい方の直径が4 cmで，大きいほうが6 cmで，4 × 3.14 × 1 / 2は6.28cmで，6 × 3.14 × 1 / 2は9.42cmになるので，それを足して15.72cmで同じだということがわかったんですけど，理由がちょっと，いまいちわからないです。

教　師：確かめはできたと。やっぱりおんなじになる。何？　この手は？

そのような規範が共有されているからこそ，児童Aの発言で納得してしまうのではなく，子どもたちが多様な考えを提案し，比較し，数学的な価値を考えていくという思考の展開が生じたと考えられる。

（3）授業における規範の社会的構成

　日々の授業でのやりとりを通じて，さまざまな社会的規範が構成され，学級で共有されていると考えられる。事例6.5のやりとりで教師が行っていた，児童Bに児童Aの考えを推測することを求めるというかかわりは，ほかの子どもの話を真剣に聞くこと，お互いに対して支持的にかかわること，また，失敗やまちがいを恐れずに自分の考えを積極的に伝えようとすることといった規範に支えられた学習を自然な形で実現していた。また，教師ができるだけ話をせず，子どもどうしのやりとりを通じて授業を展開させようとするかかわりは，子どもが授業における学習の主体であるという規範に根ざした学習を実現するものであるし，児童の発言を教材の理解に結びつけようとするかかわりは，自分の考えを積極的に発言することの重要性を実感させるものである。このように，教師の足場づくり的なかかわりは，授業における社会的規範を伝えるメタ・メッセージとして機能する（Forman & Larreamendy-Joerns　1998）。逆に考えれば，どんなに教師が協同的な学習のための規範を子どもに説明し，求めたとしても，実際にはそのような規範と相いれない授業を展開しているならば，教師の期待とは異なる規範が子どもに学びとられうることを意味する。また，教師からの働きかけだけでなく，子どもたち自身も協同的な学習の経験を通じて社会的な規範を主体的に学びとっている。事例6.7は，事例6.5に示した授業の最後の感想交流の場面で児童が述べた感想である。振り返りでは，授業の内容だけでなく，授業のあり方，わかりかた，学び方，といったさまざまな側面について子どもが言及する。事例6.7で児童Dが述べていることは，動作化を通じて読むという学び方についての言及である。このような子どもの自発的な気づきを，教師は明確化し，授業中の経験と結びつけながら，全体に広げ，価値づけている。このようにして，この学級の国語の授業における学び方の規

事例6.7　くじらぐもの授業の感想交流の場面でのやりとり

児童D：えっと，それは，あの，心で，なんか，感じてきました。
教　師：心で感じてきた？
児童D：心
教　師：もう少しくわしく言える？
児童D：頭で，頭でなんか，考えよったら，頭から心にいってくる
教　師：あ，頭で考えよって，最初書き込みしよって頭で考えよったことが，みんなで
　　　　ちょっとやってみながらしたら，だんだんだんだん頭からおりてきて心のなかで，
　　　　あー，わかった，って感じ？　はあ，すごーい。

範が社会的に構成されていくのである。

深い学びのための課題

　本章では，授業における社会的な規範という考え方に言及した。皆さんも，授業に対する暗黙の規範のようなものに従ってきたかもしれない。秋田（1996）は，「授業は〜のようだ。なぜなら…」という形式で比喩を生成するという課題を用いて，現職教員や大学生の授業イメージを調査している。さて，みなさんなら，授業を何に例えるだろうか。自分なりの比喩とその理由を考え，いろいろな人と交流してみよう。

引用文献

秋田喜代美（1996）「教える経験に伴う授業イメージの変容」『教育心理学研究』44（2），176-186頁

市川伸一（1993）『学習を支える認知カウンセリング―心理学と教育の新たな接点』ブレーン出版

ヴィゴツキー，L. S.（原書1935）／土井捷三・神谷栄司訳（2003）『「発達の最近接領域」の理論―教授・学習過程における子どもの発達』三学出版

高垣マユミ・田原裕登志（2005）「相互教授が小学生の電流概念の変容に及ぼす効果とそのプロセス」『教育心理学研究』53（4），551-564頁

比留間太白・若槻健・上野正道・鷸島弘治朗（2006）「協働思考を通した学習」『CHAT Technical Reports』No.3

松尾剛・丸野俊一（2009）「学び合う授業を支える談話ルールをいかに共有するか」『心理学評論』52（2），245-264頁

Aronson, E.（1975）Busing and racial tension, The jigsaw route to learning and liking. *Psychological Today*, 43-59.

Bellack, A. A. & Bellack, A. A.（1966）*The language of the classroom*. New York: Teachers College Press, Teachers College, Columbia University. p. 18.

Berkowitz, M. W. & Gibbs, J. C.（1983）Measuring the developmental features of moral discussion.

Merrill-Palmer Quarterly（1982-），399-410.

Flanders, N. A.（1970）*Analyzing teacher behavior.* Addison-Wesley P. C.

Forman, E.A. & Larreamendy-Joerns, J.（1998）Making explicit the implicit: Classroom explanations and conversational implicatures. *Mind, Culture, and Activity*, 5, 105-113

Goodwin, M. H.（1990）*He-said-she-said: Talk as social organization among black children.* Indiana University Press.

Granott, N.（1993）Patterns of interaction in the co-construction of knowledge: Separate minds, joint effort, and weird creatures. In R. H. Wozniak & K. W. Fisher（Eds.）, *Development in context: Acting and thinking in specific environments.* Hillsdale, New Jersey: Lawrence Erlbaum. 183-207

Kruger, A. C. & Tomasello, M.（1986）Transactive discussions with peers and adults. *Developmental Psychology*, 22（5）, 681.

Lemke, J. L.（1990）*Talking science: Language, learning, and values.* Ablex Publishing Corporation, 355 Chestnut Street, Norwood.

Mehan, H.（1979）*Learning lessons.* Cambridge, MA: Harvard University Press.

Mercer, N.（1995）*The guided construction of knowledge: Talk amongst teachers and learners.* Multilingual matters.

O'Connor, M. C. & Michaels, S.（1996）Shifting participant frameworks: Orchestrating thinking practices in group discussion. Discourse, *learning, and schooling*, 63-103.

Pellegrino, J. W., Chudowsky, N. & Glaser, R.（2001）Knowing What Students Know: The Science and Design of Educational Assessment, Board on Testing and Assessment. *Center for Education, National Research Council*, National Academy Press, Washington, DC.

Sawyer, R. K.（Ed.）（2005）*The Cambridge handbook of the learning sciences.* Cambridge University Press.

Searle, J. R.（1969）*Speech acts: An essay in the philosophy of language.* Cambridge university press.

Slavin, R. E.（1983）When does cooperative learning increase student achievement?. *Psychological bulletin*, 94（3）, 429.

Wells, G.（1993）Reevaluating the IRF sequence: A proposal for the articulation of theories of activity and discourse for the analysis of teaching and learning in the classroom. *Linguistics and education*, 5（1）, 1-37.

Wood, D., Bruner, J. S. & Ross, G.（1976）The role of tutoring in problem solving. *Journal of child psychology and psychiatry*, 17（2）, 89-100.

Yackel, E., Cobb, P. & Wood, T.（1991）Small-group interactions as a source of learning opportunities in second-grade mathematics. *Journal for research in mathematics education*, 390-408.

Yackel, E. & Cobb, P.（1996）Sociomathematical norms, argumentation, and autonomy in mathematics. *Journal for research in mathematics education*, 458-477.

■コラム⑦　学習環境のデザイナーとしての教師

　教室において子どもたちの協同的な学習を促すために，学習環境（授業の流れ，課題の内容や形態，利用可能な資源，評価の方法など）をデザインすることも教師に求められる重要な役割である。協同活動への報酬という観点では，個人の成果に報酬が与えられる状況や，個人の成果と無関係なグループの成果に報酬が与えられる状況よりも，グループに所属する個々の学習者の成果に基づいてグループの成果が決定され，その成果に報酬が与えられる状況で問題解決の効果が高まることが示されている（Slavin 1983）。最後の状況においては，メンバーそれぞれが積極的に課題に貢献することが必要となるため，お互いが課題に積極的に取り組んでいるかをモニターしたり，課題への積極的な参加を求めたり，必要な援助を提供したりするようなかかわりが促されると考えられる。

　活動の形態をデザインするという点では，アロンソン（Aronson　1975）のジグソー学習を例としてあげることができる。ジグソー学習では，子どもたちは最初にジグソーグループと呼ばれるグループに分けられる。その後，各ジグソーグループから1名ずつの子どもを集めたカウンターパートグループを構成する。このグループでは，課題解決に必要な資料を読み合って，話し合うなどの活動を行う。ここで重要なのが，各カウンターパートグループ間で異なる内容を学習するという点である。この活動のあとに再びジグソーグループに戻ると，グループのメンバーはそれぞれ異なった内容を学んでいる状態になる。そのため，課題解決のためにはすべての子どもが自分の知っている知識を他者に説明したり，他者の話をしっかりと聞いたりすることが強く求められることになる。協同的な問題解決において，能力が高い（と思い込んでいる）子どもが，ほかの子どもの話を聞かずに一方的に話をしてしまうことがある。逆に，能力が低い（と思い込んでいる）子どもが積極的に話し合いにかかわることを避けてしまうこともある。ジグソー学習では，このような状況に対応するために，あえて参加者が保持している知識のちがいをつくり出すことによって，話し合いへの積極的な参加を促しているのである。東京大学CoREF（http://coref.u-tokyo.ac.jp/）は，かかわり合いのなかで一人ひとりが学びを深めることを目的とした知識構成型ジグソー法を提案している。知識構成型ジグソー法では，クラス全体でのクロストークや，活動の前後における個人での思考など，目的に応じたジグソー学習のデザインが行われている。

　学習環境のデザイナーとして，目的に応じた学習が生じている場合であっても，うまく学習が進展していない場合であっても，いま，なぜ，そのような学習が生じているのかを考え，さらに現在の学習環境を修正し，そのことによる学習の変化を確かめていく…という不断の努力が教師には求められる。この学習環境デザインの営みを効果的に展開していくためには，個々の子どもに対する理解，子ども（たち）の学習過程に対する理解が不可欠であろう。そこに，教育心理学を学ぶことの重要な意義の1つを見いだすことができるのではないだろうか。

第6章　コミュニケーションと学習　　123

第7章

学習の評価

1 評価とは

（1）思考プロセスとしての評価

そもそも，「評価」とは何か。「学習評価」や「教育評価」以外にも，「人物評価」や「品質評価」といった言葉があるように，「評価」という言葉は価値判断の意味で使われていることが多いであろう。たとえば，「佐藤さんは親切だ」「田中さんは落ち込みやすい」といった人物評価は，人柄について何らかの価値判断をしていることになる。また，「あの映画はおもしろい」「そのお店の料理はどれもおいしい」といった価値判断も評価といえる。

しかし，教育実践場面においては，価値判断が最終目的になるとは限らない。たとえば，「計算が遅い」という判断をした場合，「計算練習をする」「早く計算するための工夫の仕方を教える」といったように，「計算が遅い」という判断は，ある行動への意思決定に活用されることがある。こうした，評価対象について価値判断・解釈を行い，解釈結果をその後に活用するという一連の思考プロセスを評価と考えることができる（鹿毛　2000）。

（2）測定，アセスメント，評価

評価（evaluation）は，測定（measurement）やアセスメント（assessment）[1]としばしば混同される。また，「評価」というとテストが想起されることも多く，評価とテスト，試験が混同されることもある。そこで本章では，測定とアセスメント，評価の関係を図7.1のように整理する。

評価は，測定やアセスメントによって得られた情報をもとに，何らかの価値づけや解釈を行い，解釈結果をその後に活用することである。言い換えれば，

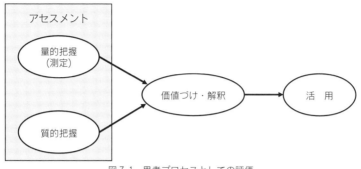

図7.1 思考プロセスとしての評価

　価値づけや解釈をするためには，対象を把握する必要があり，把握することや資料を収集することが測定・アセスメントになる。
　測定とは，対象を客観的に捉え，何らかの規則に基づいて数量化することである（橋本　2003）。たとえば算数のテストを実施し，「計算問題は1問正解するごとに2点，文章題は3点を与える」といったような規則で結果に対して点数を与え，数量化することは測定になる。したがって，テストは測定を行うための方法の1つである[2]。いっぽうで，アセスメントは量的・質的双方を含めた対象の把握であり（鹿毛　2004），アセスメントは測定を含むものとして位置づけられる。たとえば授業内容の理解度について評価するために，授業中の様子を観察することはアセスメントといえる。
　なお，アセスメントについては多様な意味で使用されており，評価と同意語として扱われることや，総合評価といわれることもある。また田中（2008）は，評価の意味や意義が時代とともに薄れ，標準テスト[3]などを連想させる言葉になっている現状から，教育評価研究の新しい動向を反映した言葉として，アセスメントという言葉を使用しようとする流れがあると指摘している。たとえば「真正の評価（authentic assessment）」という評価論は，その動向の1つである（真正の評価については，本章 3（3）を参照）。

2 学習評価の目的

（1）授業過程から考える評価の目的

評価は，授業過程のなかにどう位置づけるかによって，診断的評価と形成的評価，総括的評価の3つに分類される（Bloom, Hastings & Madaus 1971）。まず診断的評価とは，ある教育プログラムを実施する前に，学習の前提となるような知識・スキルが獲得されているかを診断するための評価である。たとえば一次方程式について指導する場合に，文字式の計算の理解状況について事前に調べることは診断的評価になる。また診断的評価は，知識・スキルに限らず，学習意欲や性格など，児童・生徒の適性を広く把握することも含まれる。

つぎに形成的評価は，教育プログラムの進行過程で適宜行うものであり，児童・生徒の学習状況を把握し，指導に活用するための評価である。たとえば一次方程式の指導過程において，係数が整数である方程式まで学習し，係数が小数や分数である場合の方程式について授業をする前に，それまでの学習内容に関する小テストを行うことなどが考えられる。小テストによって生徒の理解度を把握し，ほとんどの生徒が理解している場合は，係数が小数や分数であるときの方程式に進み，多くの生徒がつまずいている場合には先に進まず，復習的な授業を一度行うといったように，進行過程で学習状況を把握し，その結果を指導に活用することが形成的評価になる。

そして総括的評価は，教育プログラムの実施後に，全体的な成果を評価するものである。「評価」というと，評定や成績づけ，入試などの選抜がイメージされることが多いが（鹿毛 1997），こうした総括的評価は，評価活動の目的の1つでしかない。

ここで，3つの評価の分類について，たとえば授業中に実施される小テストが形成的評価で，単元学習後のテストや定期試験は総括的評価であるといったように，いつ実施されるかによって分類されるものではない。これらの評価の分類は，どのような役割・機能を果たすかによって区別される（梶田 2002）。つまり，小テストを実施したり，授業用ノートを回収したりしても，それを指導に活用していないのであれば，形成的評価とはいえない。いっぽうで，単元

学習後や学期末に実施されるテストであっても，指導に活用されるのであれば形成的評価になる。もっといえば，単元や学期，学年の総括的評価が，次の単元や学期，学年での指導に活用されるのであれば，それは形成的評価ともいえる（梶田　2002）。このように，3つの評価の分類は便宜的なものであり，複数の目的をもって評価が実施されることもある。

（2）学習過程から考える評価の目的

　では，授業過程ではなく，児童・生徒の学習過程という観点に立ったとき，学習評価にはどのような目的があるのであろうか。まず，児童・生徒が自身の理解度や達成度を把握し，その後の学習に活用することを促すという役割がある。自分自身の理解状態を把握することはメタ認知[4]（第4章参照）の1つであるが，こうしたメタ認知はあまり正確でないことが指摘されている（深谷 2016）。つまり，「わかった」と思っていてもじつはわかっていなかったり，「まったくわかっていない」と思っていてもある程度は理解できていたりと，学習状況を正確に把握することはむずかしい。また，「わからないことがわからない」という状態も，メタ認知ができていない例の1つといえる。したがって，評価活動を通して，理解できていない部分や誤解している箇所を把握させ，何を学習すればよいかを明確にすることは重要になる。

　また，児童・生徒の学習意欲を高めることも，学習評価の目的の1つといえる。学習意欲を支える重要な要因の1つとして，有能感がある。すなわち，学習をしたことで何かができる・わかるようになったと実感できなければ，その後も学習を続けていく意欲は失われてしまうおそれがある。そのため，評価を通して，何ができる・わかるようになったのかを把握させることで有能感を高め，それによって学習意欲を高めていく必要がある。

　ただし，たとえば「テストによって学習することを強制されている」「テストのために勉強している感じがする」など，評価があることで，かえって学習意欲が削がれてしまうことも考えられる。このことについて鹿毛（2006）は，学習評価は「諸刃の剣」であり，制御的機能と情報的機能の2つの機能がある

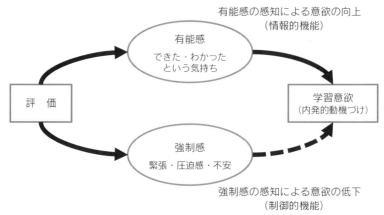

図 7.2　評価と学習意欲の関係（鹿毛　2006 を一部改変）

と指摘している（図 7.2）。制御的機能は，評価が緊張や圧迫感などの強制感を児童・生徒に感知させることで学習意欲を低下させる機能であり，情報的機能とは，有能感を感知させることで学習意欲を向上させる機能になる。実際に鈴木・西村・孫（2015）は，中学生を対象とした調査によって，テストによって学習を強制されていると思うことで内発的動機づけが低下する一方で，テストは理解度を把握し学習改善に活用するためのものだと思うことで内発的動機づけが向上することを実証的に示している。

3　学習評価の方法

　評価というと総括的評価がイメージされることが多いように，「評価＝評定（成績づけ）」であり，定期試験や入学試験をはじめ，評価は学習指導から切り離された時間に実施されるものと考えられがちである。しかし，評価は学習指導の過程でも行われる。たとえば授業中の活動の様子や発問に対する回答，表情などをもとに（アセスメント），授業内容が十分に理解できていないと判断した場合（価値づけ・解釈），ちがう方法で改めて教授する（活用）といったことは，日々行われているであろう。

　このように，評価は普段の授業のなかにも埋め込まれており，学力や学習状

表7.1 学習評価の方法（西岡　2003を参考に作成）

筆記による評価		パフォーマンスによる評価		観察や対話による評価
テストによる評価	テスト以外の筆記による評価	完成作品による評価	実演による評価	
・空所補充式 ・多肢選択式 ・記述式	・作問法 ・概念地図法 ・描画法	・小論文 ・芸術作品 ・実験レポート	・口頭発表 ・演奏 ・実験器具の操作 ・運動スキルの実演	・活動の観察 ・発問 ・討論 ・面接
ポートフォリオ評価				

況を評価するための方法は，テスト以外にもさまざまなものがある（表7.1）。以下ではこれらのうち，テストによる評価，パフォーマンスによる評価，ポートフォリオ評価について説明する。

（1）テストによる評価

テスト形式の分類の仕方はさまざまあるが，ここでは代表的なテスト形式である，空所補充式（穴埋め式）テストと多肢選択式テスト，記述式テストを取り上げる。まず空所補充式テストとは，文章の一部が空欄になっていて，そこに答えを書き込む形式のテストである。また多肢選択式テストとは，いくつかの選択肢があり，そこから正しいものを選択する形式のテストのことである。これら2つの形式のテストでは，基本的には誰がいつ採点しても同じ結果を得ることができる。そのため，これらの形式のテストは客観式テストと呼ばれることもある。また，客観式テストの問題に解答するには，それほど多くの時間がかからないため，多くの問題を出題しやすいという利点もある。

最後に記述式テストとは，「記述しなさい」「説明しなさい」といった問いに対して，自由に解答を書く形式のテストである。解答者の主張をある程度まとまった文章で求める場合には，論述式テストと呼ばれることもある。記述式テストは，知識に加えて思考力や論理力を測定することができるという利点があるが，採点が主観的になりやすいという問題がある。また，記述式の問題に解答するためには多くの時間が必要になるため，多くの問題を出題することがむ

ずかしいということも，記述式テストの問題の1つである。

　以上のように，テスト形式にはそれぞれ特徴があるため，テストの目的を踏まえて，それぞれの特徴を活かしたテストづくりをすることが望まれる。テスト作成に関する詳細な解説については，日本テスト学会（2010）などを参照されたい。

（2）パフォーマンスによる評価

　パフォーマンス評価とは，制作や実技，実演など，特定のパフォーマンスを求め，そのパフォーマンスから児童・生徒の知識や技能について評価するものである。たとえば，何か作品（レポートや小論文，絵画など）をつくってもらうという課題や，口頭発表や理科実験を実際に行ってもらうという課題によってパフォーマンス評価は行われる。また，表7.1では，「筆記による評価」と「パフォーマンスによる評価」とが区別されているが，その境界は明確なものではなく，あくまでも便宜的に区別されている（西岡　2003）。実際に，筆記による記述も一種のパフォーマンスであり，筆記によるパフォーマンス課題も利用されている（松下　2007）。

　児童・生徒のパフォーマンスは，ルーブリック（rubric）を使って評価されることがある。ルーブリックとは，達成の度合いを示す評定・評語と，各評定・評語に対応するパフォーマンスの特徴を記した記述語から構成される評価基準表のことをさす。例として，中学校社会科の授業で利用されたパフォーマンス課題とルーブリックをそれぞれ図7.3と表7.2に示す。

　客観式テストとは異なり，パフォーマンス課題では評価結果が一意に定まりにくいため，結果を一貫させるためにルーブリックを利用することは重要になる。しかし，ルーブリックを用いても，評価者によって評価結果が異なってしまう可能性はある。そのため，複数の評価者がいる場合には，評価者たちが集まり，実際の作品や答案とルーブリックを突き合わせて評価基準についての討議をすることで，評価結果の一貫性を確保することが有効と考えられている。これはモデレーションと呼ばれる。こうした討議は，一貫性の確保だけでなく，

> あなたは，都市計画の研究者です。この度，神奈川県庁から，よりよい地域を作るためのアドバイスを求められました。あなたの住んでいる町（または区や市）の特色をとらえた上で，なぜそのような特色があるのかを説明してください。そして，よりよい地域（町や区や市）を作るための提言レポートをまとめた上で，県庁で行われる会議で報告してください。
>
> それには現在どんなことが問題としてあって，どのようにしていったらよりよくなるのかアイディアを考えてください。
>
> （例）「若い人が暮らしてくれるような町づくり」「地元の商店街の活性化」
> 　　　「ベッドタウンの継続的な発展」「災害に強い町づくり」など

図7.3　パフォーマンス課題「よりよい地域を提案しよう！」（三藤・西岡　2010）

表7.2　パフォーマンス課題「よりよい地域を提案しよう！」のルーブリック（三藤・西岡　2010）

レベル	パフォーマンスの特徴
4 良い	地理的条件の例から特色に見合った身近な地域の特色を説明している。 その地域の特色について，「なぜそのようなことが起こっているのか」について仮説が複数立てられている。 仮説をもとに改善点を考え，筋道が通っていて建設的な提案がされている。 レポートの内容に適した資料を選んで説明している。
3 合格	地理的条件の例から身近な地域の特色を説明している。 その地域の特色について，「なぜそのようなことが起こっているのか」について仮説を立てている。 仮説をもとに改善点が考えられている。 資料を用いて説明している。
2 もう一歩	身近な地域の特色を説明しているが，地理的条件の観点が抜けている。 その地域の特色について，「なぜそのようなことが起こっているのか」について仮説を立てているが，説明が不足している。 資料を用いているが活用の仕方がもうひと息である。
1 かなりの改善が必要	身近な地域の特色がつかみきれていないため，あいまいである。 その地域の特色について，「なぜそのようなことが起こっているのか」がなく，地域の事実を並べたものになっている。 資料を用いていないか関係ない資料を用いている。

評価者が課題についての理解を深めるうえでも効果的と考えられる。

（3）ポートフォリオ評価

　ポートフォリオ評価では，児童・生徒の作品や自己評価の記録，教師の指導と評価の記録などを学習ファイル（ポートフォリオ）に保存・整理し，教師は

それを活用して，児童・生徒の学習と自分自身の指導について振り返る（西岡2003）。近年では，高等教育機関を中心に，電子ポートフォリオ（eポートフォリオ）の活用も進んでいる（森本・小川・谷塚　2012）。eポートフォリオは音声・動画ファイルなどの保存も可能であり，保管場所に困らないことや検索が容易であるといった利点がある。なお，ポートフォリオ評価は，評価する学習の範囲によって，表7.1のどこに位置づけられるかは変わる（西岡　2003）。

　パフォーマンス評価とポートフォリオ評価は，真正の評価を実現するうえで重要な方法と考えられている。真正の評価という評価論は，「テストのための問題」といわれるような作為的な問題に対する批判を背景に生まれ，人が現実世界で直面するような問題解決場面（真正な文脈）で評価は行われるべきであるという考えである（Wiggins　1998）。

　真正の評価は，名称自体が否定する余地のない響きをもっているが，決して万能なものというわけではない。たとえば，学習者のつまずきの原因を特定するといった，診断的な評価を行ううえではあまり適切でない可能性がある（村山　2006）。また，パフォーマンス評価は実施にかかるコストが高いということも，現実的には重要な問題となる。したがって，表7.1に示したもののなかに絶対的にすぐれた評価法があるというわけではなく，多様な方法を用いて児童・生徒の学習について評価を行っていくことが重要といえる。

4　評価の基準

　測定・アセスメントの結果は，何らかの基準によって解釈されることが一般的である。たとえば，ある生徒の数学と英語のテストの点数がともに80点だったときに，この情報だけからは，「数学と英語を比べたときに，どちらが得意なのか。あるいは，同じくらい得意なのか」などについて判断することはできず，評価するための基準が必要になる。この評価基準によって，評価は相対評価と絶対評価，個人内評価の大きく3つに分けることができる。なお，これらの基準はいずれか1つだけが用いられるというものではなく，複数の基準を同時に利用することも考えられる。

（1）相対評価

　相対評価では，評価対象者が所属している集団全体の成績から評価基準を設定する。たとえばクラスの平均点と比較したり，順位をつけたりして評価をすることは相対評価になる。1955 年版の指導要録[5]から 2001 年の指導要録改訂まで，児童・生徒の各教科の成績は相対評価に基づいて評定されていた。具体的には，テストの成績などをもとに児童・生徒の順位をつけ，上位 7 ％（30 人学級ならば 2 人程度）に「5」を割り当て，次いで 24％，38％，24％，7 ％にそれぞれ「4」から「1」を割り当てるという方法を採用していた。

　相対評価の利点は，評価者によって結果が変わりにくいことである。いっぽうで，基準とする集団によって解釈が変わってしまうという問題がある。たとえば英語のテストの点数が 80 点だったときに，平均点が 60 点のクラスでは「英語が得意」といえても，平均点が 90 点のクラスでは「英語はやや苦手」といった評価になりうる。このように，相対評価ではあくまでも，「ある特定の集団と比較したときに，その集団のなかでは得意（不得意）なほうである」といった解釈しかできない点に注意する必要がある。

　また，学校での成績評定では，たとえばテストで毎回 80 点以上をとっていても，ほかの子が毎回それ以上の点数をとっている場合には高い評定にならず，「1」や「2」をもらうことになる可能性があることも，相対評価の問題として指摘されている。すなわち，いくら努力をして成果を出したとしても，そのことが成績評定に反映されないことがありえ，成長が実感されにくいという問題がある。

（2）絶対評価

　「絶対評価」という言葉は，複数の意味で用いられる。たとえば「80 点なので数学が得意だ」といった評価をする場合，得意か否かを判断している基準は評価者の主観であり，どの程度で「得意」「苦手」と判断するかについて客観的な基準はない。こうした絶対評価はとくに，認定評価と呼ばれる。また，「日本の土地制度の変遷について理解する」といった教育目標や教育内容など

第 7 章　学習の評価　　133

と照らし合わせて，到達基準を具体的な形で設定し，その基準に従って評価する場合は到達度評価と呼ばれる。こうした到達度評価では，すべての人が基準を満たすことが可能であるほか，目標に対する一人ひとりの到達度を把握することができる。ただし，目標到達の基準を客観的に決めることはむずかしく，教師の主観に左右されやすいという問題があることも同時に指摘されている。

　さらに，「目標に準拠した評価」という言葉があり，現在の指導要録では目標に準拠した評価が採用されている。具体的には，2001年の指導要録改訂の際に，「学習指導要領に示す基礎的・基本的な内容の確実な習得を図るなどの観点から，学習指導要領に示す目標を実現しているかどうかの評価を重視し，現在いわゆる絶対評価を加味した相対評価をすることとされている各教科の評定を，目標に準拠した評価（いわゆる絶対評価）に改める」（文部科学省　2000）と，相対評価の廃止と目標に準拠した評価への転換が明示された。なお，ここでは「いわゆる絶対評価」とされているが，目標に準拠した評価は認定評価ではなく到達度評価を引き継ぐものとして位置づけられている[6]。

（3）個人内評価

　2001年の指導要録改訂では，目標に準拠した評価への転換が明示されるとともに，個人内評価の工夫によって，児童・生徒一人ひとりのよい点や進捗の状況などを評価することの重要性も明示された。個人内評価とは，評価対象となっている児童・生徒本人から得られる情報を用いて基準を設定する方法である。また，個人内評価は横断的個人内評価と縦断的個人内評価の2つにさらに分けられる。横断的個人内評価は，たとえば「渡辺さんは球技は得意だが，水泳は苦手だ」など，1人の児童・生徒について複数の側面を比較する方法になる。縦断的個人内評価は，たとえば「去年は15mまでしか泳げなかったが，今年は25mまで泳げるようになった」など，1人の児童・生徒が以前に比べてどの程度変化したのかを評価する方法である。

　縦断的個人内評価は，児童・生徒の進歩や成長をみとれることが利点といえる。相対評価の場合，いくら努力をしても，周りも同じくらい努力をしていれ

ば評価結果は変化しない可能性がある。また，到達度評価であっても，必ずしも目標に到達できるとは限らない。いっぽうで個人内評価では，「到達目標（例：25mを泳ぐ）には到達できなかったが，まったく泳げない状況から15mまでは泳げるようになった」といったように，個人の成長や学習の成果を積極的に評価することができる。

（4）評価基準と学習意欲の関係

　一般に，相対評価と比較して，到達度評価と個人内評価は児童・生徒の学習意欲に肯定的な影響を与える（鹿毛　1996）。これは，相対評価が行われる状況では，強制感が感知されやすい（制御的機能が働きやすい）のに対し，到達度評価や個人内評価では，できるようになったことが評価されることで，有能感が感知されやすい（情報的機能が働きやすい）ためと考えられる（図7.2）。

　情報的機能を促進するためには，児童・生徒に自身の学習状況や成長を把握させること，すなわち，自分は何がわかって・できているのかや，何がわかる・できるようになったのかを把握させることが重要といえる。こうした学習状況や成長の把握を促すための方法の1つとして，縦断的個人内評価を利用した，学習状況の可視化があげられる。たとえばシーら（Shih & Alexander 2000）では，過去の成績をグラフ化して示しながら評価を与えることで，成長が実感しやすく，自己効力感が高まることが示されている。また，ポートフォリオづくりを長期にわたって行うことで，絵画制作など成長が自覚しにくい力についても，成長の過程が把握しやすくなる。

　さらに鈴木（2011）は，ルーブリックを学習者に提示し，評価基準を明確にすることで内発的動機づけが高まることを示している。ルーブリックが提示されることで，学習者は自身の達成度が把握できると同時に，達成度をより高めるためにはどう自己改善すればよいかの指針が明確になる。このように，学習状況の把握や，どうすれば成長できるのかという見通しをもたせることが，情報的機能を促進するうえで重要と考えられる。

5 妥当性と信頼性

2017年に公示された学習指導要領では、「創意工夫の中で学習評価の妥当性や信頼性が高められるよう、組織的かつ計画的な取組を推進するとともに…（略）」（文部科学省　2017）と示されているように、評価を行う際には妥当性と信頼性の問題について考える必要がある。

（1）妥当性

妥当性（validity）とは、測定したいと思う概念（学力）を正確に反映している程度のことをいう。たとえば、「英語でコミュニケーションをとる力を評価する」ことが目的なのであれば、「評価の高い人はコミュニケーション能力が高く、評価の低い人はコミュニケーション能力が低い」と判断できる課題は、妥当性が高いといえる。言い換えれば、コミュニケーション能力の高い人が低い評価になってしまうような課題や、コミュニケーション能力の低い人が高い評価を得られるような課題は、妥当性が高いとはいえない。

また、妥当性に関して重要なのは、同じ課題であっても目的次第で妥当性の程度は変わるということである。たとえば、「37 − 12」や「104 ÷ 8」といった基本的な計算問題で構成されたテストを大学生に受けさせた場合、ほとんどの学生は満点近い得点をとると予測される。これは、「テストの得点によって、大学生を序列化する」という目的の下では妥当性は低いと考えられる。しかし、「整数を使った基本的な計算問題を解く力があるかを評価する」という目的の下では、妥当性は十分に高いかもしれない。したがって、常に妥当性の高い評価方法というものがあるわけではなく、目的に合致しているかを吟味しながら評価を行うことが重要になる。

（2）信頼性

信頼性（reliability）とは、たとえば「評価者が異なっても結果が一致するか」（評価者間一貫性）、「時間を置いて改めて評価しても結果が一致するか」（評価者内一貫性）、「課題が変わっても結果が一致するか」など、結果の一貫性

や安定性のことである。信頼性が低いことは学力を正確に評価できていないことを意味するため，妥当性とともに信頼性を高めることも重要になる。なぜなら，評価者によって結果が変わったり，（同じ評価者が）採点をするたびに結果が変わったりしてしまうということは，測定したい学力が評価結果に正確に反映されていない（＝妥当性が低い）ことを意味するためである。

たとえば空所補充式や多肢選択式のテストは，いつ誰が採点しても同じ結果が得られるため，基本的に評価者間・内一貫性は高くなる。いっぽうで，記述式テストや，小論文や芸術作品などのパフォーマンスによる評価は，評価者間・内一貫性を高めることがむずかしい。そのため，ルーブリックを用いて評価基準を明確にしたり，モデレーションを行ったりするなどの工夫が重要になる。

また，「課題が変わっても結果が一致するか」という問題について，課題数が少ない場合，同じ学習者であっても，ある課題では高い評価を得て，別のある課題では低い評価を得るなど，与えられる課題次第で評価結果は変わりうる。たとえば1～2つ程度の課題で評価をする場合，得意・不得意によって，学習者の能力が過大（過小）評価されてしまう可能性がある。また，「たまたま直前に勉強（練習）した」などの理由で，高い評価が得られることもありうる。このように，少数の課題で学力を評価する場合，選択した課題によって評価結果は変わりやすいことから，池田（1992）は少数の課題で学力を判断することの危険性について指摘している。したがって，できる限り課題数を増やす工夫をすることは重要である。また，少数の課題で学習者の学力を正確に評価できるとは考えずに，評価結果を批判的に捉える姿勢をもつことも重要といえる。

6 学習の解釈と評価情報の活用

（1）理解の深さと評価

2017年に公示された学習指導要領では，「主体的・対話的で深い学び」が授業改善の視点とされた。ここで，「深い学び」の実現には「深く理解する」という側面がある。たとえば公式を覚えていることや，公式を適用して問題を解

問1：次の計算をしなさい。
  (1) $4 \times (-6)$ (2) $(-9) \times (-3)$ (3) $3 + 8 \times (-2)$

問2：次の計算式について，どこが間違っているのか説明しなさい。
 $-5 - 5 \times (-3) = -5 - 15$
       $= -20$

問3：「負の数×正の数」は負の数になることを，たし算の考え方で説明せよ。

図7.4　正負の数に関する問題

くことができる状態よりも，解き方のわからない子に教えることができたり，なぜそのような公式になるかを説明できたりする状態のほうが理解は深いであろう。

このように，理解度には深さ（レベル）があることから，学習評価を行う際にも，どのくらいの深さまで理解できているかを評価することが重要になる。たとえば中学1年生の数学では「正負の数」について学習するが，「正負の数」に関するテストでは，図7.4の問1のような計算問題が課されることが多いであろう。しかし，単に計算問題が解けるよりも，問2のようにまちがいとその理由を説明できることや，問3のように意味理解に関する問に答えることができるほうが理解は深いといえるだろう。したがって，理解には深さがあること，そして，理解の深さがどの程度かを解釈するためには評価方法を工夫する必要があることに留意しなければならない。

（2）フィードバック

評価情報は教師によって活用されるだけでなく，児童・生徒にフィードバックすることで，児童・生徒によっても活用されるものである。たとえばテスト結果に関するフィードバックをすることで，学習状況の把握や再学習，学習方法についての自己省察とそれに伴う学習方法の改善などを促進することができる。

しかし他方で，学習者はフィードバックを効果的に活用していないということも指摘されている。つまり，児童・生徒は「テストは受けたらそれで終わり」といった考えをもち，テストを乗り切ることを目的とした学習に陥りがち

である。言い換えれば，「テストは学習に活用するためのものだ」といったテスト観を，児童・生徒はあまりもっていない。実際に，「テストは学習に活用するためのものだ」といった考えを強くもつ学習者ほどテスト後に見直しを行い，テストをその後の学習に活用する傾向にある（鈴木　2016）。したがって，フィードバック情報の自発的な活用を促すためには，活用方法の指導を行うとともに，児童・生徒のテストに対する考え方に働きかけることが重要といえる。

深い学びのための課題

1．評価の情報的機能と制御的機能の働きやすさは，評価基準だけでなく評価方法の影響も受けると考えられる。情報的機能を促進するような評価方法について考えてみよう。
2．相対評価と絶対評価（認定評価，到達度評価），個人内評価（横断的個人内評価，縦断的個人内評価）について，どのような目的のときにいずれの評価基準を用いるとよいか，あるいは，どの基準を組み合わせて利用するとよいか考えてみよう。

注
1）assessment は日本語に訳すと「査定」であるが，「アセスメント」の表記が多く使われていることから，本章でも「アセスメント」と表記する。
2）テストと試験について，テストは個々の教科に関する単一の学力テストをさし，試験は入学試験や選抜試験のように複数の試験を組み合わせて1つの決定を行う場合に用いる，という区別をすることができる（池田　1992）。
3）標準テストとは，実施方法や採点・処理方法が一定で，母集団を代表する集団にテストを実施した結果をもとに，得点の解釈ができるように作成されているテストのことである（橋本　2003）。
4）メタ認知の「メタ」は「一段上の」を意味し，メタ認知とは，自身の知的な状態を一段上から客観的に捉え，行動を調整することをさす。
5）指導要録とは，「児童生徒の学籍並びに指導の過程及び結果の要約を記録し，その後の指導及び外部に対する証明等に役立たせるための原簿」（文部科学省　2010）であり，学校教育法によって作成と保存が義務づけられている。この定義からわかるように，指導要録には，指導の参考にするための指導機能と，転校や進学，就職の際に，在籍および在籍中の様子を証明するための証明機能とがある。
6）目標に準拠した評価には，ドメイン準拠評価とスタンダード準拠評価の2つの評価があるとされている（鈴木　2013）。

引用文献
池田央（1992）『テストの科学—試験に関わるすべての人に』日本文化科学社

鹿毛雅治（1996）『内発的動機づけと教育評価』風間書房

—（1997）「学力をとらえることをめぐって—評価論」鹿毛雅治『学ぶこと・教えること—学校教育の心理学』金子書房，131-158頁

—（2000）「学びの場で経験される評価—豊かな学びが生まれるために」長尾彰夫・浜田寿美男『教育評価を考える』ミネルヴァ書房，75-115頁

—（2004）「教育評価再考—実践的視座からの展望」『心理学評論』47，300-317頁

—（2006）「教育心理学と教育実践」『教育心理学』朝倉書店，1-20頁

梶田叡一（2002）『教育評価〔第2版補訂版〕』有斐閣

鈴木秀幸（2013）『スタンダード準拠評価』図書文化

鈴木雅之（2011）「ルーブリックの提示による評価基準・評価目的の教示が学習者に及ぼす影響—テスト観・動機づけ・学習方略に着目して」『教育心理学研究』59，131-143頁

—（2016）「テストの作成と運用」自己調整学習研究会『自ら学び考える子どもを育てる教育の方法と技術』北大路書房，210-223頁

鈴木雅之・西村多久磨・孫媛（2015）「中学生の学習動機づけの変化とテスト観の関係」『教育心理学研究』63，372-385頁

田中耕治（2008）『教育評価』岩波書店

中村高康（2011）『大衆化とメリトクラシー—教育選抜をめぐる試験と推薦のパラドクス』東京大学出版会

西岡加奈恵（2003）『教科と総合に活かすポートフォリオ評価法—新たな評価基準の創出に向けて』図書文化

日本テスト学会（2010）『見直そう，テストを支える基本の技術と教育』金子書房

橋本重治（2003）『教育評価法概説〈2003年改訂版〉』図書文化

深谷達史（2016）『メタ認知の促進と育成—概念的理解のメカニズムと支援』北大路書房

松下佳代（2007）『パフォーマンス評価—子どもの思考と表現を評価する』日本標準

三藤あさみ・西岡加名恵（2010）『パフォーマンス評価にどう取り組むか—中学校社会科のカリキュラムと授業づくり—』日本標準

村山航（2006）「PISAが示すもの—求められる評価リテラシー」東京大学基礎学力研究開発センター『日本の教育と基礎学力—危機と展望』明石書店，70-91頁

森本康彦・小川賀代・谷塚光典（2012）「eポートフォリオ」永岡慶三・山内祐平・植野真臣『教育工学における学習評価』ミネルヴァ書房，113-127頁

文部科学省（2000）『児童生徒の学習と教育課程の実施状況の評価の在り方について（答申）』

—（2010）『小学校、中学校、高等学校及び特別支援学校等における児童生徒の学習評価及び指導要録の改善等について（通知）』

—（2017）『小学校学習指導要領』

山田剛史・村井潤一郎（2004）『よくわかる心理統計』ミネルヴァ書房

Bloom,B.S.,Hastings,T.H. & Madaus, G.F.（1971）*Handbook on formative and summative evaluation of student learning.* New York: McGraw-Hill（ブルーム,B. S.，ヘスティングス,T. H. & マダウス, G. F.／梶田叡一・渋谷憲一・藤田恵璽訳（1973）『教育評価法ハンドブック』第一法規）

Shih, S. & Alexander, J.（2000）Interacting effects of goal setting and self-or other-referenced feedback on children's development of self-efficacy and cognitive skill within the Taiwanese classroom. *Journal of Educational Psychology, 92*, 536-543.

Wiggins, G.（1998）*Educative assessment: Designing assessments to inform and improve student performance.* Jossey-Bass.

■コラム⑧　学力の変化はどう評価できるか

しばしば、「日本の子どもの学力は低下しているのか」という問題について議論がなされる。ここで、「学力の経年変化に関するデータはないのか」と疑問に思ったことはないだろうか。たとえば、出生率や小学校の教員数の変化について、私たちはデータに基づいた客観的な情報を得ることができる。ところが日本には、学力の経年変化について検討できるテストや調査はほとんどない。

たとえば大学入試センター試験や全国学力・学習状況調査など、多くの人が受験するテストは多く存在している。また、センター試験や全国学力・学習状況調査の結果は毎年公表されている。しかし、これらのデータを利用して、受験者の学力の変化について知ることはできない。なぜなら、センター試験も全国学力・学習状況調査も、毎年問題が変わり、問題の難易度が異なっているためである。したがって、たとえばセンター試験の英語の平均点が120点から125点に変化したとしても、「受験生の学力が向上した」のか「問題がやさしくなった」のかは区別できないのである。

これに対して、OECD によって実施されている学習到達度調査である PISA や、英語試験の1つである TOEFL などでは、受験した時期に関係なくテストの得点が比較できるようになっている。これは、これらのテストが項目反応理論（item response theory：IRT）と呼ばれるテスト理論に基づいて作成されているためである。たとえばセンター試験の問題は毎年一新されるのに対し、PISA では一部に共通の問題が入っている。共通の問題が含まれているとき、項目反応理論を応用することで、異なるテストの結果を比較可能にすることができる。異なるテストの結果を、相互に比較可能な得点で表すことのできる共通の尺度を作成する手続きは、等化（equating）と呼ばれる。「学力は低下しているのか」といった学力の変化について検討するためには、こうした等化の手続きを経たテストを利用する必要がある。

なお、PISA のように共通問題を利用する以外にも、等化の手続きをするための方法はある（詳細については、日本テスト学会（2010）などを参照されたい）。

■コラム⑨　偏差値は「悪」か

　偏差値は，特定の集団のなかで，ある数値がどれくらいの位置にあるかを表す。たとえば，テストなどの得点の分布が左右対称の釣り鐘型である正規分布のとき，偏差値60は上位約16％，偏差値70は上位約2％の位置にいることを意味する（図7.5）。また，受験者の約68％は偏差値40～60の範囲に収まるといったように解釈することもできる。このように偏差値というのは，あくまでも集団のなかでの相対的な位置を示す指標であり，テスト得点に限らず，たとえば身長や体重などの値も偏差値に換算して考えることができる（偏差値の求め方や解釈については，山田・村井（2004）などを参照のこと）。

　偏差値と聞くと，ネガティブな印象を受ける人も少なくないだろう。しかし，偏差値がここまで社会的に普及してきたことからは，偏差値には一定の合理性があると考えることもできる。実際に偏差値は，受験生の不安を緩和するために導入されたとい う経緯がある（中村　2011）。そもそも，偏差値をはじめとする相対評価は，自分の位置づけを知るための重要な情報源になる。つまり，学力に限らず，自分がどういう人であるのかを客観的に知るうえで，周囲の人と自分を比べることは有用である。言い換えれば，自分の学力を客観的に把握し，自己改善に活用するものとして偏差値が機能するのか，それとも，緊張や圧迫感を感知させるものとして機能するのかが重要なのであり，偏差値それ自体が否定されるべきものではないと考えられる。

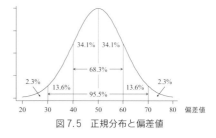

図7.5　正規分布と偏差値

第 8 章

発達の障害と適応

　本章では，まず発達の偏りと障害の概要について解説し，つぎに発達障害の把握と支援について，さらには適応の現状と課題および支援方策について解説する。

1 発達の偏りと障害

（1）発達の偏り

　発達には，個人差がみられる。たとえば，発達を，言語，認知，運動，社会性，人間関係の5つの領域からみてみると，その各領域の発達の状況は，個人差が生じる。ある子どもは，言語の発達がすぐれているが認知の発達が劣っているとか，認知はすぐれているが運動が劣っている，というように発達には偏りが付きまとう。そして，そのような偏りは，一人ひとりの個性を形づくる重要な核であろう。また，そのような偏りは，固定的ではなく，教育や，日常生活におけるさまざまな経験や，おかれた環境などによって，年齢とともに，大きく変動するであろう。本人の志向も影響するだろう。そして，そのような偏りは，あるときにはその人らしさを演出する個性となり，あるときは，さまざまな困難を生じさせることとなる。ここでいう発達の偏りとは，発達の凸凹，得意不得意などの総称として扱うこととする。

（2）発達の全般的遅れの様相

　発達の偏りという様相のほかに，発達の（全般的）遅れという様相がある。発達論的に，発達の全般的な遅れに関する様相のモデルが示されている。たとえば，ジグラー学派による，「発達順序類似説」と「構造類似説」である（Ho-

143

dapp, B., & Zigler　1990；Burack, H., & Zigler　1998）。

　■順序類似説（The similar-sequence hypothesis）：発達には規則的で普遍の順序が存在し，すべて，ある明確な最終地点に通じている。一定の順序のなかにいくつかの段階があり，各段階は，先行の段階を基礎とし，後続の段階の基礎となる（例：ピアジェ理論）。

　■構造類似説（The similar-structure hypothesis）：認知機能に関する相対的な尺度として精神年齢を使用してマッチングした場合，精神遅滞児（知的障害児）は別の領域に属する課題を同じレベルで遂行する。器質性精神遅滞児は構造類似説を示さない（低いパフォーマンス）。

（3）発達の障害

　そのような，誰もがもっている発達の偏りが，ある一定以上顕著に表れる場合，学校での学習や学校での生活に著しい困難を示すことにもなる可能性がある。そして，そのような場合，何らかの障害の可能性を予感させることになる。その「ある一定以上顕著」を，どのように捉えるかが問題である。いわゆる，カットオフポイント（Cutoff point）をどこにするかということであり，操作的である。さまざまな検査などにより，言語性と動作性のアンバランス，継次処理と同時処理のアンバランス，学力と知能とのアンバランスなどを確認することが可能であり，そのアンバランスが一定以上あると，何らかの障害を予感させることになり，より詳細なアセスメントへとつながることになる。同様に，発達の全般的な遅れについても，「ある一定以上顕著」になると，知的障害をはじめ，何らかの障害の可能性を予感させることになる。

（4）発達障害の医学的診断

　米国精神医学会による DSM 系と，国連の WHO による ICD 系が，よく知られている。たとえば，DSM の最新改訂版（DSM-5　2013）によると，「神経発達症群／神経発達障害群」Neurodevelopmental Disorders　としての大くくりのなかに，以下のようなものが含まれている。

- 知的能力障害群（知的障害）Intellectual Disabilities
- コミュニケーション障害群（吃音など）Communication Disorders
- 自閉スペクトラム症／自閉症スペクトラム障害 Autism Spectrum Disorder
- ADHD（注意欠如・多動症／注意欠如・多動性障害）Attention—Deficit ／ Hyperactivity Disorder
- 限局性学習症／限局性学習障害（ディスレクシアなど，いわゆる「学習障害」）Specific Learning Disorder
- 運動症群／運動障害群（発達性協調運動障害，チックなど）Motor Disorders
- チック症群／チック障害群 Tic Disorders
- その他

（5）発達の様相を探る研究

　福岡県の糸島地区において，出生時コホート研究を核とした，いわゆる「糸島プロジェクト」が遂行された（大神　2008）。共同注意（ジョイントアテンション）を軸とした社会的認知の発達の様相が調べられ，共同注意行動の定型発達過程と，自閉症等の障害のある子どもの発達過程との類似点・相違点が検討され，新たな知見が産出された。

（6）教育領域における発達障害

　教育の現場など用いられる発達障害についての定義は，以下のとおりである。
　■LD（学習障害）
　「学習障害とは，基本的には全般的な知的発達に遅れはないが，聞く，話す，読む，書く，計算する，推論する能力のうち特定のものの習得と使用に著しい困難を示す様々な状態を指すものである。学習障害は，その原因として，中枢神経系に何らかの機能障害があると推定されるが，視覚障害，聴覚障害，知的障害，情緒障害などの障害や，環境的な要因が直接の原因となるものではない。」（文部省「学習障害児の指導について（報告）」1999）

■ADHD（注意欠陥／多動性障害）

「ADHDとは，年齢あるいは発達に不釣り合いな注意力，及び／又は衝動性，多動性を特徴とする行動の障害で，社会的な活動や学業の機能に支障をきたすものである。また，7歳以前に現れ，その状態が継続し，中枢神経系に何らかの要因による機能不全があると推定される。」（文部科学省 最終報告，2003）

■高機能自閉症

「高機能自閉症とは，3歳くらいまでに現れ，①他人との社会的関係の形成の困難さ，②言葉の発達の遅れ，③興味や関心が狭く特定のものにこだわることを特徴とする行動の障害である自閉症うち，知的発達に遅れを伴わないものをいう。また，中枢神経系に何らかの要因による機能不全があると推定される。」（同上）

（7）発達障害の出現率

文部科学省（2013）による「通常の学級に在籍する発達障害の可能性のある特別な教育的支援を必要とする児童生徒に関する調査」の結果の概要を以下に示す。なお，その10年ほど前にも，文部科学省（2003）が「通常の学級に在籍する特別な教育的支援を必要とする児童生徒に関する全国実態調査」を実施している。サンプリングなどが異なるため，正確に比較することは困難だが，たとえば，当時は，6.3％が，今回は，6.5％であった。

表8.1　質問項目に対して担任教員が回答した内容から，知的発達に遅れはないものの学習面または行動面で著しい困難を示すとされた児童生徒の割合

	推定値（95％信頼区間）
学習面又は行動面で著しい困難を示す	6.5％（6.2〜6.8％）
学習面で著しい困難を示す	4.5％（4.2〜4.7％）
行動面で著しい困難を示す	3.6％（3.4〜3.9％）
学習面と行動面ともに著しい困難を示す	1.6％（1.5〜1.7％）

注：「学習面で著しい困難を示す」とは，「聞く」「話す」「読む」「書く」「計算する」「推論する」の1つあるいは複数で著しい困難を示す場合をさし，いっぽう，「行動面で著しい困難を示す」とは，「不注意」「多動性－衝動性」，あるいは「対人関係やこだわり等」について1つか複数で問題を著しく示す場合をさす。

表 8.2 質問項目に対して担任教員が回答した内容から，知的発達に遅れはないものの学習面，各行動面で著しい困難を示すとされた児童生徒の割合

推定値（95%信頼区間）

Ａ：学習面で著しい困難を示す	4.5%（4.2〜4.7%）
Ｂ：「不注意」又は「多動性−衝動性」の問題を著しく示す	3.1%（2.9〜3.3%）
Ｃ：「対人関係やこだわり等」の問題を著しく示す	1.1%（1.0〜1.3%）

表 8.3　Ａ・Ｂ・Ｃの関連

推定値（95%信頼区間）

Ａ かつ Ｂ	1.5%（1.3〜1.6%）
Ｂ かつ Ｃ	0.7%（0.6〜0.8%）
Ｃ かつ Ａ	0.5%（0.5〜0.6%）
Ａ かつ Ｂ かつ Ｃ	0.4%（0.3〜0.5%）

表 8.4　質問項目に対して担任教員が回答した内容から，知的発達に遅れはないものの学習面，行動面の各領域で著しい困難を示すとされた児童生徒の割合

推定値（95%信頼区間）

「聞く」又は「話す」に著しい困難を示す	1.7%（1.5〜1.8%）
「読む」又は「書く」に著しい困難を示す	2.4%（2.3〜2.6%）
「計算する」又は「推論する」に著しい困難を示す	2.3%（2.1〜2.5%）
「不注意」の問題を著しく示す	2.7%（2.5〜2.9%）
「多動性−衝動性」の問題を著しく示す	1.4%（1.2〜1.5%）
「対人関係やこだわり等」の問題を著しく示す	1.1%（1.0〜1.3%）

（8）発達障害者支援法における発達障害

　発達障害者支援法が成立し，2007 年 4 月 1 日施行された際には，発達障害者の定義は，以下のとおりであり，今回の改正で，大きく変わったことがわかる。すなわち，「発達障害を有するために」が，「発達障害及び社会的障壁により」となったことである。この背景には，この法改正の 2 カ月前（2016 年 4 月 1 日）に施行された，障害者差別解消法の影響がうかがわれる。

　発達障害者支援法（2016 年 6 月改正）

（定義）

　第二条　この法律において「発達障害」とは，自閉症，アスペルガー症候群その他の広汎性発達障害，学習障害，注意欠陥多動性障害その他これに類する脳機能の障害であってその症状が通常低年齢において発現するものとして政令で定めるものをいう。

　2　この法律において「発達障害者」とは，発達障害がある者であって発達障害及び社会的障壁により日常生活又は社会生活に制限を受けるものをいい，「発達障害児」とは，発達障害者のうち十八歳未満のものをいう。

　3　この法律において「社会的障壁」とは，発達障害がある者にとって日常生活又は社会生活を営む上で障壁となるような社会における事物，制度，慣行，観念その他一切のものをいう。

発達障害者支援法（2007 年 4 月 1 日施行時）

　第二条

　2　この法律において「発達障害者」とは，発達障害を有するために，日常生活又は社会生活に制限を受ける者をいい，「発達障害児」とは，発達障害者のうち十人歳未満のものをいう

2 発達障害の把握と支援

　発達障害への対応は，その状態やニーズの把握と，それに基づく指導・支援の計画の作成，実施，そして，評価，改善という一連の流れ（PDCA サイクル）で行うことになる。

（1）発達障害の把握

　発達障害の状況を複合的総合的に行うために，まずは，アセスメントバッテリーの検討を行う。複数の異なるアセスメント手法を組み合わせることで，複雑な状況を理解することが可能になり，その後の指導・支援方策の検討につながる。

　具体的な手法としては，知能検査法や発達検査法（WISC，KABC，DN-CAS ほか），種々のチェックリスト（AQ，ASSQ，PARS，LDI ほか），学力テスト（Achievement test），行動観察（Behavior observation），産物の分析（Analysis of products），医学的診断（Physician diagnosis），本人や保護者からの聞き取り

（Interview）などがよく行われる。

（2）指導・支援の計画の作成

　発達障害の把握の結果をふまえて，指導・支援の計画を作成することになる。学校においては，障害のある子ども一人ひとりに対して，「個別の指導計画」と「個別の教育支援計画」の作成がそれにあたる。そして，作成に関する根拠は，小学校や中学校等の学習指導要領（総則）である。「個別の指導計画」は，児童・生徒一人ひとりのニーズに応じた指導目標や内容，方法などを示したものである。年内に定期的に評価を行う。いっぽう，「個別の教育支援計画」は，関係機関の連携による乳幼児期から学校卒業後まで一貫した支援を行うための教育的支援の目標や内容等を盛り込んだものである。なお，2017 年 3 月の学習指導要領改正により，それまで，小中学校などにおいては，作成が必須ではなく，必要に応じて作成するという記載であったものが，通常学級を含めて障害のある子どもすべてに作成することになった。

（3）指導・支援の方法と実施

　「個別の指導計画」と「個別の教育支援計画」をふまえて，指導・支援を実際に行う際には，すでにその効果が期待できる方法で行うことが重要である。近年の教育学分野や心理学分野における学術研究の進展により，学校内で活用可能な種々の方法・方策の蓄積が進んできている。たとえば，ABA（Applied behavioral analysis），RTI（Response to intervention/instruction），SST（Social skill training）などは，近年，とくに注目されてきている。なお，一定期間の指導・支援によっても，効果が確認できない場合は，その方法を見直すことになる。

（4）指導・支援の評価

　指導・支援が開始されると，その後，定期的に評価を行うことになる。学期ごとなど，適宜の評価と，年度末における 1 年間の評価から構成されることに

なる。計画に掲げられた，1年間の長期的な目標と，学期ごとなどの短期的な目標に沿って，子どもの成長がいかに進んだかが評価される。したがって，一定の期間内において，評価が可能なレベルの目標の掲げ方が重要である。さらに，評価の結果をふまえて，次の目標や手立ての変更など，新たな計画の作成に向かうことになる。

（5）そのほかの関連する事項
①教材・教具の工夫
発達障害のある子どもへの指導・支援に必要な教材・教具が，データベースとして公表されてきている。
- 発達障がい児のためのサポートツール・データベース（全国 LD 親の会）
  http://www.jpald.net/research/
- 教材・教具データベース（国立特別支援教育総合研究所 発達障害教育推進センター） http://icedd.nise.go.jp/index.php?page_id = 97

②合理的配慮の提供
障害者差別解消法（2016 年 4 月施行）により，発達障害のある子どもへの，必要な合理的配慮の提供が求められているが，その提供事例が，データベースとして公表されている。
- インクルーシブ教育システム構築データベース（国立特別支援教育総合研究所） http://inclusive.nise.go.jp/

3 発達障害のある子どもの学校適応の現状
発達障害のある子どもたちの学校適応状況はどうなっているのだろうか。学校適応ができていない子どもの重篤な状態の 1 つとして不登校状態がある。

この不登校とは，「基本的には，家庭–学校–家庭という往復パターンが家庭で停滞し，継続してしまった状態」（小林・加藤・小野・大場 1989）をさしている。すなわち，継続的な不登校状態が続いていることになれば，学習理解困難，いじめ，対人トラブルなどで完全に学校が回避すべき対象になっており，

家庭内に引きこもり，学校に向けて家庭を離れることが不可能となっている。

　この不登校状態にある発達障害の子どもの問題は，文部科学省が，2015年8月に開催した不登校に関する調査研究協力者会議の中間報告書，「不登校児童生徒への支援に関する中間報告〜一人一人の多様な課題に対応した切れ目のない組織的な支援の推進〜」において，不登校の関連で新たに生じている課題として指摘した。それによると，LD，ADHDなどの発達障害のある児童生徒が，周囲との人間関係がうまく構築できない，学習のつまずきが克服できないという状態が進み不登校に至っているとした。

　この発達障害の子どもの不登校に関する研究は，すでに多くの研究がなされており，小野（2012a）は，発達障害の子どもの不登校の特徴の1つは，発達障害と診断されていなかった子どもが，不登校状態となってから発達障害と判明する事例が存在することである。したがって，発達障害の子どもを対象に不登校を調査した研究と不登校の子どもを対象に調査して発達障害の不登校を明らかにした研究がある。この2種類の研究から，発達障害の不登校の現状を紹介する。

（1）発達障害の子どもの不登校を対象とした調査の結果

　小枝（2002）は，鳥取県の全小学校，全中学校を対象として，LD，ADHDの児童・生徒の不登校発現率を調査している。学習障害の児童・生徒を調査した結果，小学校では，学習障害児29人中10人（34.5％），中学校では，学習障害42人中25人（59.5％）が不登校となっていた。

　また，ADHDの児童・生徒を調査した結果，小学校では，43人中1人（2.3％），中学校では，33人中13人（39.4％）が不登校となっていた。

（2）発達障害のない子との比較，校種間での比較

　全国の発達障害のない子どもの不登校発現率は，小枝（2002）の調査と同時期の2002年公表の文部科学省学校基本調査によると，小学校においては0.36％，中学校においては1.23％であった。

第8章　発達の障害と適応　　151

この不登校発現率を小枝（2002）の結果と比較すると LD の不登校発現率は，発達障害のない子どもの小学校の不登校発現率の約 96 倍，発達障害のない子どもの中学校の不登校発現率の約 48 倍である。ADHD の小学校における不登校発現率は，発達障害のない子どもの小学校の不登校発現率の約 6.4 倍，発達障害のない子どもの中学校の不登校発現率の約 32 倍である。

つぎに，小学校，中学校という校種の視点で発達障害のある子どもの不登校をみてみる。不登校発現率は，両校種において LD のほうが ADHD よりも高かった。また，不登校発現率は，LD，ADHD の両障害とも中学校のほうが小学校より高くなっていた。とくに，ADHD は，中学校において小学校の約 20 倍の不登校発現率となっていた。

以上，小枝（2002）からは，LD，ADHD の子どもたちの小学校，中学校における不登校発現率は，発達障害のない子どもの不登校発現率と比べて非常に高いこと，両障害ともに中学校で小学校より不登校発現率が高くなること，LD のほうが ADHD より不登校発現率が高いことが明らかになったといえる。

（3）不登校を対象とした調査から明らかになった発達障害の実態

中野（2009）は，福島県内の小学校児童 130 人，中学校生徒 505 人，高等学校 128 人の不登校生を対象として発達障害の疑いのある児童・生徒の有無を調査している。発達障害の疑いがある児童・生徒は，小学校では，21 人（16.1%），中学校 41 人（7.9%），高等学校 16 人（13.3%）という結果であった。

また，加茂・東條（2009）は，茨城県 M 市近郊の中学校 13 校を対象として調査をしている。不登校（登校しぶりも含む）生徒 218 人中，発達障害に関連すると思われる生徒が 57 人（26%）であった。不登校状態となる以前に発達障害の診断があった事例が 3 人（1.4%），発達障害の診断のない事例が 54 人（24.8%）であった。また，障害種別では，LD，ADHD と比較して広汎性発達障害が多かったとしている。さらに武井ら（2009）は，不登校となった高機能広汎性発達障害 47 例のうち，不登校を主訴に受診して初めて高機能広汎性発達障害と診断された者が 93.6% であったと報告している。

以上のことから，小学校，中学校，高等学校の校種において，不登校状態となるまで発達障害の診断を受けていない子どもが存在することが明らかになった。また，この傾向は，ADHD，アスペルガー症候群，広汎性発達障害に多くみられ，とくに，広汎性発達障害に多かった。

（4）発達障害の子どもの不登校支援の現状

　以上のように，発達障害のある子どもたちの学校適応状況を概観すると，発達障害の子どもを正確に診断すること，発達障害の診断を受けた子どもたちの個別の指導計画，個別の教育支援計画の脆弱さが学校不適応，不登校の問題につながっていることが明らかになった。

　それでは，不登校となってしまった発達障害の子どもの支援はどうなっているのだろうか。小野（2012a）は，不登校となった発達障害の子どもの臨床的研究における支援対象は，自閉症，広汎性発達障害，LD，ADHD，軽度発達障害の順で多く，不登校の発達障害児童・生徒の支援研究の目的は，ほとんどが再登校支援であり，予防，再発防止の研究は少ないことを指摘している。

　発達障害のある子どもの不登校状態の予防，再登校支援における原因の究明と対策立案は，まず子ども一人ひとりへの個別の指導計画，個別の教育支援計画と関連づけて見直し検討されなければならない。

　しかしながら，小野（2012a）によると2007年以降の特別支援教育実施後の臨床報告においても，発達障害の子どもの不登校状態と不登校状態となる前までに実施されていた個別の指導計画との関連や修正，再登校以降の長期，短期個別の指導計画や個別の教育支援計画の設定に関して言及がない研究がほとんどであった。

　これは，不登校の問題から特別支援教育における発達障害のある子どもたちへの個別の指導計画のPDCAが完全ではないという基本的かつ重要な課題を示していると同時に診断，個別の指導内容の妥当性の問題を示している。

第8章　発達の障害と適応　　153

（5）個別の指導計画と個別の教育支援計画の PDCA と事例検討会

　教育機関における発達障害の子どもへの個別の指導計画と個別の教育支援計画に基づく指導，教育の PDCA は，学級担任，特別支援教育コーディネーター，スクールカウンセラー，外部専門支援機関が連携して実施している。そして，発達障害のある子どもに問題が生じた場合，たとえば不登校の場合は情緒障害通級指導教室及び病弱特別支援学校，医療機関などが受け入れ先，支援機関となって支援を実施している。

　発達障害のある子どもたちの所属するそれぞれの学校機関内での個別の指導計画と個別の教育支援計画の PDCA 支援遂行の中心，頭脳となるのは校内の事例検討会議である。

　筆者が実際に小学校，中学校のスクールカウンセラー，スーパーバイザーとして勤務した経験からも，校内事例検討会議を設置している学校は年々多くなってきている。しかしながら，その事例検討会の内容が，個別の指導計画と個別の教育支援計画の PDCA の検討ではなく，発達障害のある子どもの事例状況報告会になっている学校がある。筆者が研修講演を担当した約 20 の都府県の学校で，同様の状況を学校関係者から聞くことも多くあった。

　この校内事例検討会議の事例報告会化を防ぎ，教員によって個別の指導計画と個別の教育支援計画の PDCA を遂行できるようになるためには，科学的，客観的な視点で子どもたちのアセスメントを実施し，それに基づいた支援が可能であり，かつ自らの教育実践を内省しつづけられる教員を養成していくことが必要であると考える。

　現状における校内事例検討会議における問題解決の一例を伊藤・小野（2017）は示している。この報告は，校内事例検討会議において発達障害の子どもの問題行動に具体的支援方法を提案，実施が可能ではなかった状況の解決事例である。この報告の支援対象は，アスペルガー症候群の診断を受けた児童で登校しぶりの問題をかかえていた。特別支援教育コーディネーターの個別の指導計画作成および実施サポートを専門家が，実際の計画実行を特別支援コーディネーターと担任が実施し短期で問題解決した。応用行動分析の立場から作

成された児童・生徒の問題行動解決ツール（小野　2012b）のソフトを活用して，特別支援教育コーディネーターである教員のコンサルテーションを実施した。このソフトは，教員が単独で個別の指導計画のPDCA運用を可能とするために工夫されたソストでアセスメントおよび評価としての行動アナログ記録表（表8.1），機能分析システム，機能分析結果と支援が明示される問題解決思考支援シート（図8.1），事例検討会議用の問題解決思考支援シート・学内および

表8.1　行動アナログ記録表の例

【行動問題のアナログ記録表】

【児童生徒名：○○　○○】

日付	確立操作	関連する先行条件					問題行動	結果条件		備考
	本日の調子	時間	場所	場面	相手	直前のきっかけ	行動形態	直後の対応	結果	
17/05/31	△（睡眠不足でイライラする）	10：30〜10：45	教室	授業終了後	A先生	ものを片づけるように口頭で指示	先生の髪を引っ張る	腕を抑えながら，「離して！」と言う	しばらく離さなかったが，5分で離す。	

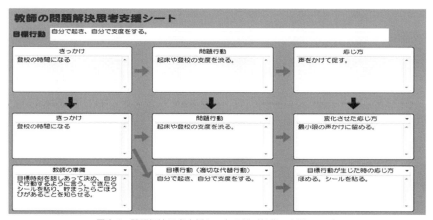

図8.1　問題解決思考支援シートの例（伊藤・小野　2017）

表8.2　児童・生徒の問題行動解決ツールの10のステップ

■ステップ1	担任，学年教員が対象を決定し，対象の状況についてレーダーチャート評価を実施する。
■ステップ2	レーダーチャート評価を参考に，対象の問題となる領域を見つける。
■ステップ3	対象の問題となる領域のなかで，最優先で介入する領域を決定する。介入する領域の優先順位は，①危険性の伴う行動，②生活習慣やコミュニケーションの行動，③広範囲に影響する行動の順である。
■ステップ4	対象の行動を観察し，担任は行動アナログ記録を記入する。
■ステップ5	行動アナログ記録から問題行動を絞り込む。目標行動を事例検討会議で検討して決定する。
■ステップ6	問題行動に対してMASチェックリストを実施し，機能分析を実施する。事例検討会議で機能を検討，専門家の助言を要請する。
■ステップ7	対象の問題行動の機能に対応した対処法を考える。事例検討会議で協議する。
■ステップ8	会議で決定した対処法を問題解決思考支援シートに記入し，整理する。事例検討会議にて専門家の助言要請，検討結果を学年所属教員へシートとして配布し，統一した支援を実施する。
■ステップ9	対象に対応し結果を担任などが行動アナログ記録表に入力する。行動アナログ記録表のデータに基づいて事例検討会議で支援仮説を検討する。
■ステップ10	問題行動が変容して適切な行動が獲得できた場合，ステップ7の対応を継続するか，終結とする。問題行動が変容しない場合は，ステップ6〜9を再度実行する。事例検討会でデータを検討して対応を決定する。

外部連携用シートの印刷機能，データのグラフ化機能，支援仮説どおりいかなかったときの仮説修正機能，データベース機能が備わっている。

　以下に児童・生徒の問題行動解決ツールの10のステップの内容と事例検討会議などでの活用の仕方を示す（表8.2）。

（6）発達障害のある子どもたちの学校適応，社会的自立のための診断，個別の指導計画および個別の教育支援計画のPDCAの充実へ

　学校不適応となってしまった発達障害の子どもたちは，発達障害の診断が適切ではなかった，発達障害と診断されたが，その個別の指導計画や個別の教育支援計画自体が妥当ではなかった，または変化した状況に対して修正対応していなかったといった原因があった。これらは，すべて子どもたちの問題ではな

く，支援者側の問題であり，深く反省し改善に努めなければならない。

　今後，発達障害のある子どもたちが，家庭，教育機関，社会において，その個性を発揮して生き生きと生活していけるために，私たちが修正していかなければならない課題をあげる。

（7）発達障害診断の妥当性，正確性の向上

　不登校状態となってから発達障害と診断された事例は，子どもに発達障害があったにもかかわらず個別の指導計画，個別の教育支援計画の作成・遂行がされず，適切な支援が実施されていない状態で不登校状態になったといえる。また，発達障害ではない子どもが発達障害とされ，投薬などの医学的措置を受けていたが不登校状態となってしまった事例も多い。この発達障害未診断，誤診断は，当然のことながら子ども，家族に多大な不利益をもたらすことから早急に解消されなければならない問題である。

　さらなる発達障害の診断システムの充実が望まれるが，発達障害の未診断，誤診断の原因の１つは，子どもの行動観察に，ある行動の前後対応といった文脈情報を考慮しない診断が多くなってきたからである。診断する者が，対象の子どもの通常の発達の道筋のどこが停滞しているのか，通常の発達を妨げるかかわりを明らかにしてそれを取り除き，通常の発達を促進するかかわりを実施し，その経過をみてから診断を決定するといった発達支援をしながらの診断が重要である。その際，現在，多くの子育て支援機関から指摘されている母親の基礎的な子育て知識の不足および発達段階にそぐわないかかわり方への指導対応も必要である。

（8）個別の指導計画と個別の教育支援計画の質の向上とトップダウン発想の導入

　発達障害の子どもの不登校が，小学校より中学校で大幅に増加することを指摘したが，これは，発達障害の子どもたちの個別の指導計画や個別の教育支援計画は，ボトムアップの発想の方向からのみ進められていることによると考え

第８章　発達の障害と適応　　157

る。

　子どもの在籍学年相応に必須の社会的スキル，学力，体力がなぜ習得されていないのかという疑問を考えるとき，発達障害の子どもたちの学校適応のみならず，真の社会的自立に必要な社会的スキル，学力，体力について，年少時期から留意して個別の指導計画や個別の教育支援計画に組みこまれていないからと考えざるをえない。

　発達障害の子どもは，見守っていれば自然と発達してスキルを習得するのではなく，必要なスキルを学習するための系統的なエビデンスベースの指導が必要である（柘植　2013）。その際，小林ら（2017）が指摘するように社会的自立というゴールからの逆算的評価，いわゆる「トップダウン」の発想と「ボトムアップ」の発想の両方向からの総合的評価を活用した個別の指導計画，個別の教育支援計画の立案，遂行が必要である。図8.2にCLISP－dd（Checklist for Supporting on Persons with Developmental Disorders）の「トップダウン編」と「ボトムアップ編」の両方を活用した総合評価モデルの例を示す。

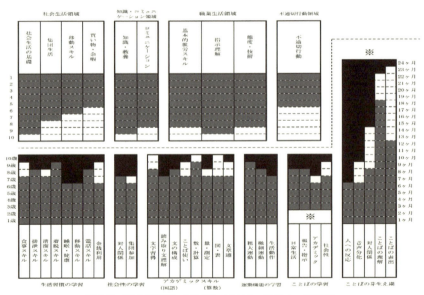

図8.2　「総合評価図」のモデル（小林ら　2017を一部修正）

この「トップダウン」と「ボトムアップ」の両方の視点からの総合評価に基づいた個別の指導計画，個別の教育支援計画の PDCA が，発達障害の子どもの真の社会適応，学校適応を可能とするといえる。

> **深い学びのための課題**
> 　ボトムアップの発想からのみ発達障害の子どもたちの個別の教育支援計画を作成することによって生じた問題を考えてみよう。

引用・参考文献

伊藤陽子・小野昌彦（2017）「第4章　専門機関と特別支援教育コーディネーターの連携―個別支援計画を活用した登校しぶりのある発達障害児童への支援」柘植雅義監修／小野昌彦編著『発達障害のある子／ない子の学校適応・不登校対応』（ハンディシリーズ発達障害支援・特別支援教育ナビ），金子書房，34-42頁

大神英裕（2008）『発達障害の早期支援―研究と実践を紡ぐ新しい地域連携』ミネルヴァ書房

小野昌彦（2012a）「研究時評：不登校状態を呈する発達障害の支援に関する研究動向」『特殊教育学研究』第50巻第3号，305-312頁

小野昌彦（2012b）『児童・生徒の問題行動解決ツール―教師のための10ステップ実践ガイド（CD付き）』風間書房

加茂聡・東條吉邦（2009）「発達障害の視点から見た不登校―実態調査を通して」『茨城大学教育学部紀要（教育科学）』58，201-220頁

小枝達也（2002）「心身の不適応行動の背景にある発達障害」『発達障害研究』23，258-266頁

小林重雄・加藤哲文・小野昌彦・大場誠紀（1989）「登校拒否治療への積極的アプローチ―行動アセスメントとその臨床例への適用」『安田生命社会事業団研究助成論文集』24（2），61-68頁

是枝喜代治・近藤裕彦・小林重雄・平雅夫・高村哲郎・寺山千代子・山本順大監修／小林重雄（2017）「自閉症スペクトラムなどの発達に問題のある人の自立支援のためのチェックリスト，CLISP-dd（ボトムアップ編）」『発達検査解説書』文教資料協会

武井明・宮﨑健祐・目良和彦・松尾徳大・佐藤譲・原岡陽一・鈴木太郎・平間千絵（2009）「不登校を呈した高機能広汎性発達障害の臨床的検討」『精神医学』51，289-294頁

柘植雅義（2012）『特別支援教育―多様なニーズへの挑戦』中央公論新社

中野明徳（2009）「発達障害が疑われる不登校児童生徒の実態―福島県における調査から」『福島大学総合教育研究センター紀要』6，9-16頁

文部科学省（2015）「不登校児童生徒への支援に関する中間報告～一人一人の多様な課題に対応した切れ目のない組織的な支援の推進～」『不登校に関する調査研究協力者会議中間報告書』

Burack, Hodapp & Zigler（1998）*Handbook of Mental Retardation and Development.* CAMBRIDGE.

Hodapp, Burack & Zigler（1990）*Issues in the developmental approach to mental retardation.* CAMBRIDGE.

第 9 章

学習と発達を促す教育環境

1 学習者をとりまく環境

（1）環境とは何か

　環境とは，「当人を取り囲む外界」の総称であり，「遺伝的な要因とは別に，当人の発達や行動に影響を与える要因」を意味する（Colman　2015）。その環境は，物理的環境（見たり，聞いたり，触ったりすることなどによって知覚できる実体としての自然物や人工物）と，社会・文化的環境（人間関係，組織，制度，規範，習慣など）とに大別される（芝田　2016）。

　このような環境が人の学習や発達に対してもつ意味は大きい。たとえば，にぎやかな都会で育つのか，自然豊かな農村部で育つのかといった相違は物理的かつ社会・文化的環境として体験される総体のちがいにほかならず，当人がそこで何を学ぶのか，どのように育つのか，さらにはその後の生き方にまで影響を及ぼす要因であろうことは想像に難くない。

　学校教育の例で考えてみよう。学校の物理的環境としては，建築物としての学校の諸要素（壁や廊下など）や校庭，教室の机や椅子，黒板や掲示物，ICT機器（コンピュータ，プロジェクターなど）[1]といった多種多様な事物がある。社会・文化的環境としては，教師との信頼関係や友人との親密度といった対人関係，学級や学校の雰囲気といった社会的風土，さらには「いつ何を学ぶべきか」を定めた教育課程や進級・進学の枠組みとなる学年制といった教育制度などがあげられる。また，教育に関する文化や制度の背景には，教育観（何が教育的に望ましいかといった考え方）や子ども観（「子ども」とはどういう存在で，どういう姿が望ましいかといった考え方）など，それぞれの社会（全体あるいは一部）で共有されている文化的信念があるという点も見逃せない。

とりわけ教育においては，物理的かつ社会・文化的環境の構成要素である「人」（学習者にとっては「他者」）が当人に与える影響を無視することはできない。親などの養育者，学校の教師，クラスメイトやクラブ活動の上級生など，子どもをとりまく「人的環境」が当人の学習や発達に多大な影響を及ぼしていることは体験的にも理解できよう。

いっぽうで，環境のあり方によって個人の学習や発達が左右されるという考え方が強調されすぎると，「教育次第で人の学習や成長をコントロールできる」と考える誤謬（「教育万能主義」）に陥ってしまうという点にも注意が必要である。本書第1章で強調されたように，発達とは一人ひとりが生得的にもっている唯一無二の性質（遺伝要因）が個性として発現する過程である。生後直後から同一の環境を与えたからといってすべての子どもが同じように育つわけではないことからも明らかなように，環境の影響はむしろ限定的であって過大評価すべきではない。学習や発達とは，一人ひとりが生来備えている素質が，当人をとりまく物理的環境や社会・文化的環境と出会うことによって生じる現象，さらにはそのような体験の蓄積の顕れであり，教育とは当人の学習や発達に対してこのような影響を及ぼしうる環境の1つなのだと理解すべきであろう。

本章では，これまで本書の各章で述べられてきた内容をふまえ，環境が子どもの学習や発達に及ぼす影響について概観することによって，「教育的に望ましい環境とは何か」というテーマについて，学校教育を念頭に置きつつ考えを深めていくことにしよう。

（2）教育環境としての学習環境

教育を理解するうえで，「学習環境」と「教育環境」という混同されがちな2つの用語のちがいに着目することは有益である。学習環境とは「学習者を取り囲む外界全般」を意味する。私たちは日常生活を通して，偶発的に学んだり，自分自身の意思に基づいて学んだりしている。その意味においては生活で出会うすべての場は学習環境なのだといえる。それに対し，教育環境とは，「どのような外界のあり方が学習者の学習活動を刺激し促進するだろうか」「どのよ

うな外界のあり方がその個人の望ましい成長を促すだろうか」といった教育的な問題意識を背景として構想された「学習環境」を意味する。つまり，教育環境という語は，教育する側（親，教師など）の教育的意図が反映された環境を意味しており，とりわけ学校教育においては人間形成の場，すなわち，個性を伸ばすとともに，知性（第2章参照）や社会性（第3章参照）を育む場として構想される環境をさす。

　一般に，環境という言葉には固定的で安定的なイメージがあるかもしれないが，むしろ教育環境の特徴はダイナミック（動的）な性質にあると考えるべきだろう。教育環境とは，その場に無数に存在する，物理的，社会・文化的な環境の要素によって構成されるシステムであり，しかもそれらの要素が互いに関わりあう過程を通じて創出されていくものである。たとえば，ある教室で特定の教師と子どもたちが相互に関わりあうことによって，一人ひとりの行為（動作など）や表現（発言，表情など）が刻一刻と生み出され，それらを新たな環境の要素として含み込みながら現在進行形で変動していくというようなユニークで微妙な現象を意味している（鹿毛　2010）。しかも，このような教育環境の背景には，教育課程やそれをふまえた教師の意図が存在し，学習の目的，内容，方法を規定している。つまり，その場には教育する側の意図によって一種の「磁場」が創り出され，子どもたちはその磁場に巻き込まれながら，それぞれに固有な活動を展開することになるのである。

（3）自己決定理論

　教育環境を検討するうえで示唆に富む理論の1つとして自己決定理論（self-determination theory；Deci & Ryan　2002）をあげることができる。この理論によれば，人の望ましい発達とウェルビーイング（well-being：身体的，精神的，社会的に良好な状態）の実現や維持のためには，人が生得的にもっている3つの心理的欲求が満たされる必要があるという。その3つとは，①自律性への欲求（need for autonomy：行為を自ら起こそうとする傾向性），②コンピテンスへの欲求（need for competence：環境と効果的にかかわりながら学んでいこうとす

る傾向性），③関係性への欲求（need for relatedness：他者やコミュニティとかかわろうとする傾向性）をさす。これらの欲求が同時に満たされるような環境のもとで人は意欲的になり，パーソナリティ（第3章参照）が統合的に発達していくのに対し，これらの欲求が満たされないと意欲や精神的な健康が損なわれるという。

　重要なポイントは，個人は環境と相互作用しながら生活しており，環境，とりわけ社会・文化的環境のあり方が個人の学習や発達に対して支援的に機能する場合もあれば，逆に妨害的に働く場合もあるという点である（図9.1参照）。たとえば，ある児童が特定のトピックに関心を示したことに教師が気づき，その関心をさらに発展させるような教材を準備することによって，その児童の内発的動機づけ（自ら進んで学ぼうとする動機づけ）[2]が高まり，ひいてはより長期的なパーソナリティの発達に肯定的な影響を及ぼすということがあるかもしれない。このエピソードは，児童のアクションに対する環境側のリアクションによって，当人の「コンピテンスへの欲求」や「自律性への欲求」が満たされ

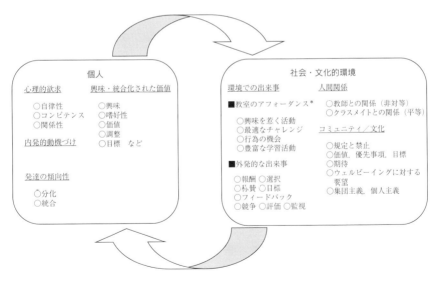

＊Gibson, J.J.による造語で，環境の中に実在する，知覚者にとっての行為の可能性に関する情報（佐伯, 2010）。
図9.1　自己決定理論によるパーソナリティの発達モデル（Reeve, Deci & Ryan　2004を一部修正）

るプロセスを通じて学習や発達が促される例であろう。いっぽう，教師と相性が合わず，クラスメイトとも良好な人間関係を築くことができない生徒が，学校に楽しみを見いだせず，学業に対する意欲を失ってしまうといったエピソードは，環境のあり方がその生徒の「関係性への欲求」の充足を阻害し，少なくともその時点における当人のウェルビーイングに対して悪影響を及ぼしている例であろう。このように，社会・文化的環境は当人の内発的動機づけを維持し，能力の形成や人としての成長を促す場合もあれば，逆に，望ましい発達や能力の形成を妨害したり，当人の資質や能力を崩壊させたりする場合さえもある。このように社会・文化的環境が個人に対して及ぼす影響は「諸刃の剣」なのである。

では，どのような環境のあり方が個人の学習や発達に肯定的な影響を及ぼすのであろうか。自己決定理論によれば，社会的文脈の3つの特徴（自律性サポート，構造，関わりあい）が自律性，コンピテンス，関係性の各欲求の充足を

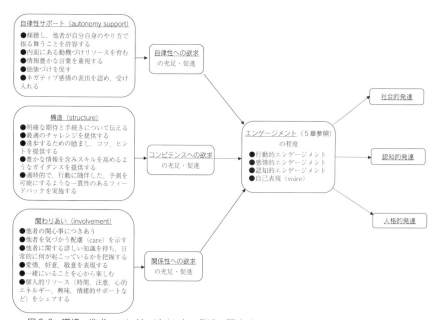

図9.2　環境，欲求，エンゲージメント，発達の関連（Skinner & Edge 2002, Reeve 2009）

それぞれ促し，３つの欲求が同時に満たされることによってエンゲージメント（第５章参照）が高まり，ひいては当人の学習や成長が促されるという（図9.2参照）。すなわち，①当人の行動をコントロールしようとしたり強制したりするのではなく，彼らの自律性を支援しようとすること（自律性サポート：autonomy support），②環境側の提供する情報が無秩序でも不明瞭でもなく，達成結果へと導くプロセスに関する有意味な情報と達成へのサポートを提供するような特徴を備えていること（構造：structure），③対人関係が敵対的ではなく，思いやりのあるものであること（関わりあい：involvement）が，上述の３つの心理的欲求をそれぞれ充足するために必要であり，各欲求が満たされることによって活動へのエンゲージメントが促され，ひいては社会的，認知的，人格的な発達へと結びついていくと考えられている。

2 「学習者中心」の教育環境

（１）心理学における３つの立場

　以上に述べてきたことから，教師の主な責務は学習や発達を促すような教育環境を創り出すことにあることが理解できる。その際，教師に問われるのは，学習や教育に対してどのような考え（学習観，教育観といった信念）をもっているかであろう。教育環境の具体的なあり方は教師のもつ信念によって左右されるからである。この点を検討するために，学習や教育に関してどのような考え方が心理学で提起されているかについて概観してみよう。

　心理学の研究史を振り返ると，行動主義から構成主義へと理論が展開し，学習や教育の意味が広がってきた。行動主義とは，練習の結果，「できるようになった」とか，「技能が向上した」というように，体験を通した行動の形成や変容を学習と捉える立場を指す（第２章参照）。それに対して，構成主義とは，①学習とは学習者自身が能動的に活動することによって知識を構築していく過程である，②知識やスキルは文脈から切り離されるのではなく，状況のなかで，状況に依存して学ばれていく，③学習は共同体のなかでの社会的な相互作用を通じて行われるということを主張する立場をさす（久保田　2000：第２章参照）。

表 9.1 心理学における 3 つの異なった理論的立場（Shuell　1996, 鹿毛　2010）

	行動主義	構成主義	
		認知的構成主義	社会的構成主義
学　習 （learning）	事実，スキル，概念の獲得 ドリル的な練習によって生じる 個人の頭の中で生じる 浅い情報処理と手続き的表現を含む	活動的な構築，既有知識の再構築 既有知識と新しい知識を結びつけるような複数の機会と多様なプロセスによって生じる 他者や環境との相互作用によって生じる 深い情報処理を含む	社会的に定義された知識や価値の協同的な構築 社会的に構築された機会によって生じる 他者や環境との相互作用によって生じる 内容，方法（学び方），解釈（学ぶ意味，価値ある知識に関する）に関する複合的な情報処理
教　育 （teaching）	伝達，提示（話すこと）	より完全な理解へと向かう思考に生徒を導くこと	生徒と協同して知識を構築すること
学習者の 役割	情報の受動的な受容 労働者 活動的な聞き手，指示に従う者 時間通りに学習を完了する	活動的な（心の内部における）構築 知識の源（個人とグループ） 生成者，建設者 活動的な思考者，説明者，解釈者，質問者 理解，質問，説明	他者と自分との活動的な共同構築 知識の源（グループ内でのグループと個人） 共同生成者，共同建設者 活動的な思考者，説明者，解釈者，質問者 理解，質問，説明 共同構築，社会的文脈の解釈
教師の役割	「大人」としての立場を明らかにする マネージャー，管理者 時間どおりの課題遂行を励ます 誤答を訂正する	より専門的な知識をもっている人 促進者，ガイド 意味のあるアイデア，題材，他者を創り出す アイデア，誤解に耳を傾ける	より専門的な知識をもっている人 促進者，ガイド，共同参加者 意味のあるアイデア，題材，他者と相互交渉する機会を生徒とともに構築する 知識の異なる解釈を共同構築する；社会的に構築された概念に耳を傾ける

さらにそれは，認知的（個人的）構成主義（対象への働きかけを通して学習者自身が認知過程を生み出すという考え方）と社会的構成主義（認知過程は複数の人の相互的な行為のなかで達成されるという考え方）とに区別される。表9.1は，行動主義，認知的構成主義，社会的構成主義という3つの異なった理論的立場によって，学習，教授，学習者，教師の意味がそれぞれ異なっていることを示している。これら3つの理論的立場にはそれぞれ固有の教育的意義を見いだすことができるが，とりわけ，近年の教育研究でとくに重視されている考え方は認知的および社会的構成主義だといえるだろう。つまり，自らが学ぶ主体として，社会・文化的環境とかかわりながら学習を深めていくことが重視され，それを促すことが教育だと考えられているのである。

（2）学習者中心の原理

ともすると教える側の立場からは「このように教えれば，すべての子どもがその通りに学ぶはずだ（学ぶべきだ）」と安易に考えがちである。しかし構成主義の考え方に依拠するなら，教師の伝えた内容があたかもコピーされるかのごとくすべての子どもの脳裏に一様に刻まれるといった現象は決して起こらない。同じ授業を受けたとしても，そこでの体験やその場でやり取りされる情報の意味づけ方は個人によって異なり，ひいてはそれらが学習や発達に及ぼす効果もちがったものになるはずだからである。

以上のことから，教師には「学習者の視座」から教育環境を吟味することが求められていることがわかる。すなわち，個々の子どもをユニークな主体と捉えたうえで，彼らの立場に立とうとする心構えをもつとともに，「一人ひとりの子どもがその場をどのように体験しているか」という視点から想像的な思考を働かせることを通して，具体的な教育環境を構想し，教育実践を行うことが教師の基本的なスタンスとなるべきなのである（鹿毛　2011）。では，ここでいう「学習者の視座」に立つとは，具体的にどのような考え方なのだろうか。

教育実践の考え方や具体的な方法について，「教師中心－学習者中心」という対比によって説明されることがある。教師中心（teacher-centered）とは，

「学習者の望ましい行動をもたらすために教師が教室で行うこと」に焦点化する観点をさす。それに対して、学習者中心（learner-centered）とは、「学習者が学校や教室といった社会的環境で学ぶこと」に焦点化する観点を意味する（Gallagher & Goodman　2010）。

　歴史的にはこれまで「教師中心」の立場から教育実践を検討することが多かったが、学習や発達の原理として構成主義の考え方が浸透するなかで、「学習者中心」という立脚点が今日では一般的になった。たとえば、教師をはじめとする教育する立場にある人に求められることとして、アメリカ心理学会特別委員会が「学習者中心の心理学的原理」（The Learner-Centered Psychological Principles：APA　1993）を提言している。そこでいう学習者中心とは、「ひとり一人の学習者」に目を向けると同時に「学習そのもの」に着眼する視座を指す。つまり、「学習者」と「学習」の双方を重視することこそが教育上の意思決定に情報的な価値をもたらし、学習者の学習や発達のプロセスを促進すると考えられているのである（McCombs & Whisler　1997）。そこではまず教育する側が着眼、把握すべき学習者の要素として、遺伝傾向、経験、ものの見方、生育環境、才能、興味、能力、欲求があげられている。また、教育する側に求められる力量として、①学習とその生起に関する知識、②最も効果的な教育実践に関する知識（すべての学習者に最大限の動機づけ、学習、達成を促進するための知識）の2点が示されている。

　より具体的にみていこう。「学習者中心の心理学的原理」は、4つの領域（「認知的・メタ認知的要因」「動機づけ的・感情的要因」「発達的・社会的要因」「個人差」）から成る具体的な14の原理として表9.2のようにまとめられている（APA, 1997）。そこにはよりよい教育環境を創り出す前提として求められる基本的な理解やスタンスが明示されているといえるだろう。すなわち、教師など教育に従事する人たちが理解すべき学習や発達の原理が認知的、動機づけ・感情的、発達的、社会的要因及び個人差として整理されており、とりわけ、構成主義的な学習観、動機づけ要因と文脈・社会的要因の重要性、社会的相互作用による発達の規定性、多様な個人差の存在などについて教育する側にいる者が

表9.2 学習者中心の心理学的原理（Lambert & McCombs 1998, APA 1997）

認知的・メタ認知的要因	■原理1：学習プロセスの性質 複雑な内容を学習する際には，情報と体験から意図的に意味を構築しようとするプロセスによって最も効果的になる。 ■原理2：学習プロセスの目標 意味のある筋の通った知識の表象を，徐々に，そしてサポートやアドバイスを受け入れながら創出できる学習者が成功する。 ■原理3：知識の構築 新しい情報を意味のあるやり方で既有知識と結びつけることができる学習者が成功する。 ■原理4：方略的思考 複雑な学習目標を達成するために必要な思考や推論の技能や技術のレパートリーを開発したり活用したりすることのできる学習者が成功する。 ■原理5：思考についての思考 心的操作を選択したりモニターしたりするような高次の方略が創造的でクリティカルな思考を促進する。 ■原理6：学習のコンテクスト 学習は，文化，テクノロジー，教育実践といった環境要因の影響を受ける。
動機づけ的・感情的要因	■原理7：学習に対する動機づけと感情の影響 学習の内容と量は学習者の動機づけに影響される。また，学習への動機づけは，当人の感情の状態，信念，興味と目標，思考の習慣に影響される。 ■原理8：学習への内発的動機づけ 学習者の創造性，高次の思考，生来の知的好奇心はすべて学習への動機づけに寄与する。内発的動機づけは学習者が最適の新奇性や困難度，個人的興味との関連性を知覚し，選択やコントロールの機会を提供するような課題によって促進される。 ■原理9：努力に対する動機づけの影響 複雑な知識や技能を獲得するには学習者の持続的な努力と，適切な指導を伴う練習が必要となる。学習者に学習への動機づけがなければ，努力しようという気持ちが強制を伴わずには起こりえない。
社会的・発達的要因	■原理10：学習への発達的な影響 個人が発達していく際に，学習に対する様々な機会や制約に直面する。身体的，知的，情動的，社会的領域のそれぞれにおける，あるいはそれらの諸領域を横断するような個性的な発達の可能性が許容され，考慮される際に，学習は最も効果的になる。 ■原理11：学習への社会的な影響 学習は社会的相互作用，個人間の関わり，他者とのコミュニケーションによって影響される。
個人差	■原理12：学習における個人差 個々の学習者は学習に対して異なった方略，アプローチ，能力を持っており，それらは過去の経験や遺伝の影響を受けている。 ■原理13：学習と多様性 学習者の言語，文化，社会的背景が考慮される際に，学習は最も効果的になる。 ■原理14：達成基準とアセスメント レベルの高いチャレンジングな達成基準を適切に設定すること，及び当該学習者と学習の進歩を評価すること（診断，プロセス，成果のアセスメントを含む）を学習プロセスの一部として組み込むべきである。

十分に理解し，その認識を基盤として具体的な教育環境を構想することの大切さが強調されているのである。

3 教育環境のデザインと実践

（1）教育環境デザインのための7つの視点

本書の各章で述べられてきた内容や上記の「学習者中心の心理的原理」などを統合すると，教師が教育環境をデザインする際に考慮すべきポイントは，以下の7つの視点（学習者側の要因として留意すべきポイント）にまとめることができるだろう（図9.3参照：鹿毛　2010）。

①学び[3]の重視

一人ひとりの子どもが「わかること」「できること」に関心を向け，「理解や認識が広がったり深まったりすること」と「よりハイレベルな技能が習得されること」，そして「人として成長すること」[4]が同時に実現するような教育環境のあり方を考え，すべての子どもたちの学習のプロセスと成果，さらには発達のあり様に着目することが，教師に求められる最も重要なスタンスであろう。その前提として，教師には，どのような内容や水準の学びが教育的に望ましいのかという点を吟味すること（たとえば，教材研究）や，子どもたちを能動的

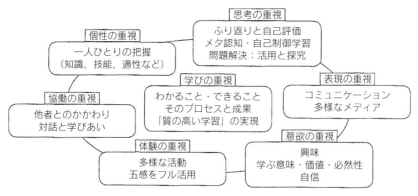

図9.2　学習環境をデザインするための7つの視点
注：「学びの重視」が中核的な原理として位置づけられ，7つの視点が相互に関連しあっていることを意味している。

な知識の構成者かつ自律的な問題解決者であるとみなし，彼らが自ずと学習活動を活性化するような教育環境を具体的に準備することなどが求められることになる。そのためにも教師は学習や理解の心理的なプロセスやメカニズム（第2・4章参照）を理解する必要がある。

この「学びの重視」という視点はあらためて指摘するまでもない自明の原理かもしれない。しかし，実際の教育実践においては，教師が教えたつもりでいても，実際には学習が成立していなかったり，学習の質の向上がめざされていなかったりするなど，当の教師がこの原理に無頓着である場合が意外と多い。教育環境を構想するための中核的なポイントとして，「学びの重視」という視点をまずおさえておきたい。また，学習のプロセスや成果を適切に把握するために，学習評価（第7章参照）について理解することも重要である。

②個性の重視

学校や教室において，ともすると教師は子どもたちを「十把一絡げ」に捉えがちである。しかし，あらためて言うまでもないことであるが，一人ひとりの子どもはユニークな存在であり，生育環境もそれぞれ異なっている。パーソナリティ（第3章参照）や興味（第5章参照）のちがいはもちろん，学校生活を含むこれまでのトータルな生活体験を通して身につけてきた知識や技能，態度や信念には当然，個人差がある。教育環境は，このような一人ひとりの学習者のちがい（第1章参照）に十分に配慮してデザインされなければならない。また，そのためにはアセスメント（第7章参照）が重要な課題となり，学習者を障害や適応という観点からあえて理解する必要が生じる場合もある（第8章参照）。

また，ある「教育環境」が万人にとって有効な「学習環境」とは限らない。特定の教育環境が一人ひとりの学習効果に及ぼす効果は一律ではなく，ある学習者にとって効果的でも，ほかの学習者にとっては必ずしも有効ではないという現象（適性処遇交互作用：第1章参照）が遍在している。教師はこのような適性の個人差と特定の教育環境との「相性」について敏感であるべきであり，一人ひとりの個性に合わせて環境を可能な限り柔軟に調整する必要があろう。

第9章　学習と発達を促す教育環境　　171

③意欲の重視

　学習活動が生起し方向づけられていくプロセスや学習成果の質や量を規定する重要な要因の１つが，学習に対する動機づけである（第５章参照）。とりわけ，学びたいという欲求の発現に，学習を成し遂げようとする意志が伴われる心理状態を学習意欲という（鹿毛　2013）。この視点から教育環境を構想する際には，何よりもまず，子どもたちのエンゲージメント（第５章参照）を促すような状況をいかにして創り出すかという点に心を砕く必要があろう。まずは学習者が課題に正対し，彼らの注意が学習対象に向けられることが学習活動の生起のために不可欠であり，さらには当人のもつ知的，情意的リソースが学習に投入される心理状態こそが，学習を広げ，深めていくための条件だからである。

　この観点から教師に求められることの１つは，課題の創意工夫だろう。学習者が「価値」（第５章参照）を感じるような課題を独自に開発したり，アレンジしたりすることによって，興味を喚起したり，学ぶ意義を感じさせたりすることが可能になる。たとえば，日常生活や社会生活で出会う「真正な課題」や「真正な文脈」（第７章参照）を活用することによって，「学習の心理的必然性」（なぜこのことを学ぶべきなのかという認識）が学習者に生じ，主体的に学習課題と向き合うようになると考えられる。

④思考の重視

　子どもの思考プロセスをサポートし，一人ひとりがよりよい方向で考えていくことを促すような教育環境を具体的に構想することも大切である。思考とは，問題を発見し，解決していく心理的プロセスの総称であり，そのプロセスを通じてこそ学習の質が高まっていく（第４章参照）。授業では，教師が発問して子どもが応答するといった場面が多くみられるが，思考の出発点は自ら問いをもつこと（「自問」）であることから，むしろ，個々の子どもが自分自身の問いをもつことを促すような教育環境を整えることが重要なポイントになるだろう（第６章参照）。また，学習内容を理解するプロセスとしての思考のみならず，学習を維持，発展させるために目標設定したり，遂行状況をモニターしたり，自己評価したりする自己調整（第５章参照）のプロセスにもメタ認知（第４章

参照）という観点から着目したい。

とりわけ論理的思考（第4章参照）は，情報と情報とを関連づけて理解したり，根拠に基づいて主張したり，物事の成り行きを予測したりするプロセスに埋め込まれており，私たちが生きていくうえで必要不可欠な思考だといえる。この観点から「クリティカル・シンキング」に着目することは有益であろう。クリティカル・シンキングとは，適切な基準や根拠に基づく論理的で偏りのない良質な思考のことであり，問題に対して注意深く観察し，じっくりと考えようとする「態度」，論理的な探究法や推論の方法に関する「知識」，それらの方法を適用する「技術」という3つの要素から成る（ゼックミスタ・ジョンソン 1996）。たとえば，「2つの変数の共変関係は必ずしも因果関係を意味しない」という知識があれば，具体的な現象を解釈する際にそれを活用することによって，正しく原因を推論する可能性が高くなるだろう。また，論理的思考の前提条件として，安易に結論に飛びつくことなく，常に熟考しようとする構え（態度；第4章参照）が身についていることが必要であり，このような態度の形成を促すような教育環境であるかどうかも問われることになる。

⑤協働の重視

学校教育でとくに大切にしたい視点は「協働」[5]である。学校は学びあう場である。言語的，そして非言語的なコミュニケーションを通じて，わかりあったり，一緒にできるようになったりしながら，認識が深まり，知識を獲得し理解が深まると同時に，他者とかかわることの意義，喜びや困難さなどを体験的に感じ取り，人間として成長していく場が学校である。

とりわけ，理解を伴う学習活動は，対立する解釈が提起されたり，かつそのそれぞれについて支持したり否定したりする証拠が提示されたり，それらが評価されたりすることによって発展，深化していくことから，個人よりも集団で行われたほうがより豊富なデータベースに基づいた多様な視点からの吟味が可能となるため効率的である（波多野 1995）。したがって，教育環境をデザインするにあたっては，他者とのコミュニケーションを通した学び合いをいかに促すかという観点が重要なポイントになってくる（第6章参照）。

「班学習」という言葉にみられるように，日本では歴史的に小集団を基盤とした学習活動が重視されてきた。ただ，グループという学習形態そのものが学習の質を保証するわけではない。三宅（2002）は，近年の認知科学の成果を踏まえ，学び合いが生じるような環境が満たすべき条件として，①メンバーがゴールを共有すること，②一人ひとりが仮説をもつこと，③問題解決プロセスが外化（外的に表現）され，その情報が共有されること，④多様な学習成果を統合的な考えとしてまとめていくこと，⑤「協調する文化」をつくることをあげている。以上のような条件が整えられてこそ，グループのメンバーによる相互吟味が活性化して，一人ひとりの思考や学習が促進されるのである。

　教師には，相互コミュニケーションが生起する場をどのように教育環境として成立させるかという点がまず問われるであろう。相互コミュニケーションが成立するための出発点は，他者の表現に関心を向けることであるにちがいない。とりわけ，一人ひとりの聴く（能動的に聞く）という行為がその基盤となる。石井（2004）は，豊富な授業研究の経験をもとに，「学び合う学び」を実現するためには，まず教師自身が「受信型」の心とからだを身につけて，子どもたちの言葉を聴くと同時に，教師の「つなぐ」という行為が重要であると指摘している。教師が子どもの考えと考えをつないだり，子どもの考えと学習内容をつないだり，子どもの存在そのもの（生育環境や体験を背景としたその子らしさなど）をほかの子どもとつないだりすることを通して，「学び合う学び」の心地よさが広がり，学び合いを尊重する文化が教室に醸成されていくことになるのである。教育環境の人的要素として，その場における教師の「居方」がまさに問われているのだといえよう。

　⑥表現の重視

　表現とは，個人内で考えたり，感じたりしている内容を言語などのメディアを使って外化することだといえるだろう。従来，ともすると，子どもは教師が提供する情報を受容するだけの受動的存在とみられ，美術，音楽，体育などの教科を除いて，子どもによる主体的な表現が十分に尊重されてきたとは言いがたい。たとえば，教師の発問に応答し，その答えが教師によって評価されると

いう IRE 連鎖（第6章参照）が典型的な教室談話パターンであり，子ども自身が問いを発して意見を述べあったり，子ども同士が評価しあったりするような学習者の自由な表現に基づく授業展開，すなわち，授業を進行する権限が学習者に委ねられるような非 IRE 型の教室談話（松下　2007）が観察されることは一般に多いとはいえない。

　授業は決して教師から子どもたちへの一方向的なコミュニケーション過程ではない。むしろ，授業展開を教師と子どもたち，そして子ども同士が意味を伝えあうダイナミックな相互コミュニケーション過程であると捉え，言語だけではなく，行動や表情など身体を用いた非言語的なメディアによるものも含めた子ども一人ひとりの表現を促し，それらを学習プロセスとして丁寧に意味づけていくことが大切である。

　たとえば，「説明する」という学習者の行為（説明活動；第6章参照）を当人の表現として位置づけてみることは有益である。子どもが学習した内容をあらためて自分自身の言葉で説明しなおしてみたり，他者に向けてわかりやすく解説したりするような表現活動によって，「わかったつもり」に陥っていて理解が不十分であったことへの気づきや，他者の視点を取り込んだり予想したりすることによる説明の工夫が促され，学習内容の理解が深まっていく（田島2007）。

　なお，教室で豊かな表現活動が生起するためには，失敗や多様性が認められる文化が教室に醸成されていなければならない。誤りや失敗が悪いことだと思い込まれていたり，ユニークで独創的な表現が忌避されるような雰囲気があったりすると，一人ひとりの自己表現は抑制されることになるので注意したい。

　⑦体験の重視

　五感をフルに活用するような活動を学習プロセスに埋め込むように工夫することも大切である。教室内，学校内の学習体験はどうしても座学中心になりがちで，せいぜいバーチャルな疑似体験にとどまることが多い。教育環境を学校外に広げたり，多種多様な物的，人的リソースを授業内にもち込んだりすることによって，「本物」に触れたり，かかわったりする体験が可能になる。そし

第9章　学習と発達を促す教育環境　　175

て，子どもたちが学習の対象や内容をより身近で切実なものとして知覚し，彼らの知的な側面のみならず，情意的な側面までもが活性化される。自然や社会の具体的な事象と学習者当人のかかわり（相互交渉）が，状況に密着し感情と密接に絡み合った気づきを生み出し，それらがほかの気づきと結びつくことで組織的な認識へと発展していくと考えられるのである（無藤　2000）。

　特定の教育方法や学習形態ばかりを多用することによって同じ感覚ばかりを偏って体験させるのではなく，学校内外に存在する多様な物理的環境（自然など）や社会・文化的な環境（公的施設や歴史的遺物など）を教育的な観点から積極的に位置づけることを通して，子どもたちのさまざまな感覚を喚起するような場や活動をバランスよく組み込んだ教育環境をトータルにデザインしていく必要があるだろう（Beard & Wilson　2002）。

（2）教育環境を創り出す教師

　教育環境には少なくとも以下の2つの側面があることをあらためて確認しておこう。

　1つは，実際の学習に先立って教育的意図をもつ教師によって設計され，明確化，具体化された計画的な側面（教育環境のデザイン）であり，それらは学習者の学習のプロセスと成果に対して「しかけ」（鹿毛　2008）として機能する。言い換えるなら，ある特定の教育のあり方（教育方法など）が特定の学習効果を生みだすだろうという事前の因果的な予測を前提としてデザインされた教育環境の特徴をさす。たとえば，教師がある授業での意見交換を活発にするという目的（「ねらい」）で，数人の子どもたちによるグループ学習を計画したとしよう。この場合，教師は「グループ形態」という「しかけ」によって意見交換しようとする意欲が高まるだろうという推測をしているわけである。

　もう1つは，個々の学習者と環境との間で，現在進行形で生起する双方向的な影響過程に基づいて展開する創発的な側面（教育環境のダイナミズム）である。教育環境とは本質的にこのような「かかわりあいの場」として実現されるプロセスであり，しかもそれがその直後から実現されていく教育環境のさらなる力

動的な原因となる。このような相互性に規定される「かかわりあいの場」という教育環境の特徴については因果的な予測が本質的に困難であるため，教師には現在進行形の状況（たとえば，授業の展開）において臨機応変で即興的な判断が求められることになる。

　以上のことをふまえると，教師という仕事がきわめて創造的であることが理解できよう。教師とは，一人ひとりの子どもをユニークな存在として尊重することを基盤として，すべての子どもに望ましい発達や学習を促すという教育的な意図に基づいて，教育環境をデザインするとともに，刻一刻と変化するダイナミックな教育環境のなかでよいよい実践を柔軟に展開していく教育の専門職なのである。

深い学びのための課題

1．これまであなたが受けてきた授業のなかで，最もよい授業だったと思うものを1つ選んで具体的に思い出し，本章の「教育デザインのための7つの視点」を用いて，どういう点がすぐれていたのかについて考察してみよう。
2．あなたが教師になったときに，ぜひ実践したいと考える授業の理想像を具体的に思い描いてみよう。そして，それがなぜ理想的な授業であるといえるのかについて，本書の各章で述べられていることを根拠として用いつつ主張してみよう。

注
1）ICTとは情報コミュニケーション技術（Information and Communication Technology）の略。
2）内発的動機づけとは学習自体を「目的」として自律的に取り組む心理現象をさす。たとえば興味や楽しみを感じ，自ら進んで学んでいる場合がこれにあたる。それに対して，当該の学習とは直接無関係な目的のための「手段」として学習に取り組む心理現象，とりわけ賞罰のため（賞を得るため，あるいは罰を避けるため）に学んでいる場合を外発的動機づけと呼ぶ。
3）近年，本邦の教育論において「学習」よりも「学び」という用語が好んで用いられるようになった。その理由の1つは，「学び」とはいわば「動名詞」であり，学習成果のみならず，そのプロセスやダイナミックな特徴が「学び」という語感によってより強調されるからであろう。そのような学習の特徴を強調するために，ここではあえて「学び」の語を用いる。
4）学校教育における教育環境について吟味する際，教科の目標や内容領域にばかり焦点化するのではなく，個性化や社会化，そして両者の統合といった人間としてのトータルな成長をめざすための教育環境を構想しようとする姿勢も重要である。たとえば，教科のグループ活動では，協同的な問題解決を目的とした話し合いを通じて，教科の内容の理解を深めることのみならず，コミュニケーションを通じて，人と交流することの楽しさや意義といった態度を学習するのである。学校は何よりも人間としての成長の場であるべきだからである。

第9章　学習と発達を促す教育環境　　177

5）一人ひとりの異質性（他者性）に基づいた対話的コミュニケーションによる多様な学びの成立について、ここでは強調するため、「共同」や「協同」ではなく、あえて「協働」の語を用いた。

引用・参考文献

久保田賢一（2000）『構成主義パラダイムと学習環境デザイン』関西大学出版部

佐伯胖（2010）「模倣と遊び」佐伯胖監修『「学び」の認知科学事典』大修館書店，167-185 頁

三宅なほみ（2002）「学習環境のデザイン」波多野誼余夫・永野重史・大浦容子『教授・学習過程論』放送大学教育振興会

鹿毛雅治（2008）「授業づくりにおける『しかけ』」秋田喜代美・キャサリン＝ルイス編著『授業の研究 教師の学習―レッスンスタディへのいざない』明石書店

――（2010）「学習環境と授業」高垣マユミ編著『授業デザインの最前線Ⅱ・理論と実践を創造する知のプロセス』北大路書房，21-38 頁

――（2011）「教育心理学と授業実践―授業の『基本形』としての生活科，総合的な学習の時間」『日本生活科・総合的学習教育学会誌（せいかつか＆そうごう）』18，24-31 頁

――（2013）『学習意欲の理論―動機づけの教育心理学』金子書房

芝田征司（2016）『環境心理学の視点―暮らしを見つめる心の科学』サイエンス社

ゼックミスタ，E. B.・ジョンソン，J. E.／宮元博章・道田泰司・谷口高士・菊池聡訳（1996）『クリティカルシンキング《入門編》』北大路書房

松下佳代（2007）「非 IRE 型の教室会話における教師の役割―エンパワメントとしての授業」グループ・ディダクティカ編『学びのための教師論』勁草書房

石井順治（2004）『「学び合う学び」が生まれるとき』世織書房

田島充士（2007）「教育場面での説明実践と評価」比留間太白・山本博樹編『説明の心理学―説明社会への理論・実践的アプローチ』ナカニシヤ出版

波多野誼余夫（1995）「理解と教授の相互作用」『人工知能学会誌』10（3），354-360 頁

無藤隆（2000）「二一世紀の学校と子どもの発達」谷川彰英・無藤隆・門脇厚司編著『21 世紀の教育と子どもたち 3―学びの新たな地平を求めて』東京書籍

APA Board of Educational Affairs.（1997）Learner-centered psychological principles: A framework for school reform and redesign ［On-line］. Available: http://www. apa.org/ed/governance/bea/learner-centered.pdf

APA Task Force on Psychology in Education.（1993）Learner-centered psychological principles: Guidelines for school redesign and reform. Washington, DC: American Psychological Association and Mid-Continent Regional Educational Laboratory.

Beard, C. & Wilson, J. P.（2002）*The power of experiential learning*. London: Kogan Page.

Colman, A.M.（2015）*A dictionary of psychology*（4th ed.）Oxford University Press: Oxford,UK.

Deci, E. L. & Ryan, R. M.（2002）*Handbook of self-determination research*. Rochester, NY: The University of Rochester Press.

Gallagher, S. & Goodman, G.S.（2010）Creationg a classroom community culture for learning. In G. S. Goodman （Ed.）*Educational psychology reader : The art and science of how people learn*. New York, NY: Peter Lang. pp.342-352.

Lambert, N. M. & McCombs, B. L.（1998）Introduction: Learner-centered schools and classrooms as a direction for school reform. In N. M. Lambert & B. L. McCombs （Eds.）*How students learn: Reforming schools through learner-centered education*. Washington, DC: American Psychological Association.

McCombs,B.L. & Whisler, J.S.（1997）*The learner-centered classroom and school*. San Francisco, CA:

Jossey-Bass.

Reeve, J.（2009）Motivation and engagement. In A. O'Donnell, J. Reeve & J. Smith（Eds.）*Educational psychology: Reflection for action*（2nd Ed.）New York, NY: Wiley．pp.366-401.

Reeve, J., Deci, E. L. & Ryan, R. M.（2004）Self-determination theory: A dialectical framework for understanding sociocultural influences on student motivation. In D. M. McInerney & S. Van Etten（Eds.）*Big Theories revisited*. Greenwich, CT: Information Age．pp.31-60.

Shuell, T. J.（1996）Teaching and learning in a classroom context. In D. C. Berrliner & R. C. Calfee（Eds.）*Handbook of Educational Psychology*. New York: Macmillan.

Skinner, E. & Edge, K.（2002）Self-determination, coping, and development. In E. L. Deci & R. M.Ryan（Eds.）*Handbook of Self-Determination Research*. Rochester, NY: The University of Rochester Press.

■コラム⑩　オープン教育

「人生のなかで意味を持ってくる学習とは，甘言，または褒美，あるいは圧力のないところで，学び手が自分で選んだ対象のなかに自己を投企するとき，はじめて成立する種類のものと，わたしたちは考えたのです。」（グリーンバーグ　2006）

これは米国ボストンにあるサドベリー・バレー・スクールの創設者であるダニエル・グリーンバーグの言葉である。一般に教える側に立つ人（教師や親など）は子どもに対して賞罰を駆使して学ばせようとしがちだが，それは明らかに誤りだと彼は指摘する。子どもたちは自ら学ぶ力を生まれつき備えており，一人ひとりの子どもが自分の可能性に賭け，未来に向かって超え出ようとするような自由な学びこそ本来のあるべき姿だからだという。学校の「強制教育」は子どもが生来的にもつ「自然」と相容れないシステムなのだ。しかも，既存の学校システムはポスト産業化の情報化の時代に突入した現在，もはや時代遅れなのだとさえ主張する。

「大人たちが，子どもたちに学んでほしいものはこれだと，あるものを特定したとき，〈教授〉は生まれます。それは，子どもたちが学びたいと思うものと，ほとんど関係しません。〈教授〉は逆に，大人たちが子どもに学ばせたいと決めた，特定の知識に関するものです。そしてその知識はふつう，生存（サバイバル）のためのスキルに関するものではない。」（同上）

「自分で学びたいことだけを自分で学んでいけるようにしたかったのです。自分自身のイニシアチブで，勉強したいと思ったことを自分で積極的に学んでもらう。ハードな勉強にも取り組んでもらう。教材であれ，書籍であれ，あるいは教師であれ，完全な自由意志で，子どもたちに選んでほしかったのです。」（同上）

学校とは組織的で計画的な教育機関である。そのため，教える側の意図によって何をどのように学ぶかが決められ，子どもたちはそれに従って学ばなければならない。それは当人のため，そして社会のためと正当化されているわけだが，学ぶ側からすれば極めて不自由であり，理不尽な場であるともいえる。サドベリー・バレー・スクールはこのような学校という既存の枠組みに対するアンチテーゼなのである。

「オープン教育」とは，「伝統的」な学校教育のあり方に対するこのような批判的な立場の理念を包括的に示す用語であり，「自由学校／フリースクール」「オルタナティブスクール」といった「学校」で実践されてきた。ほかにも，イギリスのサマーヒル（ニイル　2009），フランスのフレネ

第9章　学習と発達を促す教育環境　179

学校（フレネ　2010）といった事例が著名である。本邦においても，大正自由教育（中野　1968）の歴史があり，近年では日本の「きのくに子どもの村学園」（堀2013）や愛知県東浦町立緒川小学校（小笠原　2000）などの例があげられる。

オープン教育の様態は多様でその特徴を端的に説明することはきわめて困難であるが，その理念をまとめるなら，「従来からある様々な形式にこだわらず，子どもを能動的な学習者として認識し，尊重することを基盤として，子どもひとり一人を大切にし，その子どもが主体的に学習するのを援助すること」であり，特定の制度や方法を指す概念というよりも，むしろ教育に対する態度や姿勢なのだとされる（平野・奈須・佐野・由良・夏目・斉藤　1987）。

この理念を教育システムや教育方法として具現化すると，カリキュラム（教育内容，教育方法など）を一人ひとりの学習者に応じて柔軟に運営することによって自律的な学習を保証する具体的な手立てを準備して実践を展開することになる。具体的な指導方法（様式）に関するオープン教育と伝統的な教育との比較を表9.3に示した。両者では教師と生徒の役割が対照的で，オープ

ン教育が学習者の思考や主体的で創造的な内発的に動機づけられた活動を重視する教育形態であることがわかる。

たとえば，サドベリー・バレー・スクールでは　いわゆる授業や，クラス，教師，学年がない。安全などに関する規則のほかには，ほとんど何の制約も課されておらず，何をするのも自由である。いっぽうで，個人の責任が重視され，一人ひとりの子どもとスタッフが一票の権利を行使する全校集会によって統治されるといった民主主義的な自治活動によって運営されている点も特徴的である（グリーンバーグ　2006）。

教室に印刷機を持ち込み子どもが新聞（ジャーナル）を発行するという実践で知られるフレネ学校では，一人ひとりの自由な表現（絵，作文など）や動物の飼育や植物の栽培，木工といった手作業が重視されるとともに，学習テーマが書かれたカードが整備され，子どもたちが主体的に学習の計画を立て自己評価することも大切にされている（フレネ　2010）。

オープン教育を心理学の文脈に位置づけるなら，いわゆる人間主義心理学と呼ばれる学派の中心的な研究者であるマズロー（Maslow, A.H.）とロジャーズ（Rogers, C.

表9.3　オープン教育の指導方法（様式）（梶田　1991を一部改変）

オープン教育	伝統的指導
1．統合された教科（教材）	1．分離した教科（教材）
2．教師は教育的経験のガイド	2．教師は知識の伝達者
3．学習者の役割は能動的	3．学習者の役割は受動的
4．カリキュラムの計画に学習者が加わる	4．学習者はカリキュラムの計画には加わらない
5．発見学習中心	5．記憶，練習，暗記中心
6．外的報酬や罰ではなく内発的動機づけ	6．外的報酬，例えば成績評価をする；外発的動機づけ
7．伝統的な教科中心ではない	7．教科中心
8．少ないテスト	8．普通にテストをする
9．グループによる共同作業に重点	9．競争を重んずる
10．指導は教室内に限定されない	10．教室で指導する
11．創造的表現を重んずる	11．創造的表現には力点がない

R.）の考え方との関連性を指摘することができよう。彼らは技術主義や行動主義が過度に強調されるような教育のあり方を批判して「意義のある学習」（significant learning）を重視し，究極の教育目的は子どもたちが自己実現（第5章参照）することを促進することだと主張した（たとえば，ロジャーズ 1984, 1985）。

　オープン教育の教育効果については必ずしも見解が一致しているわけではないが，メタ分析の結果から，とりわけ学校への態度，独立性，協調性，好奇心といった態度面，情意面で肯定的な効果がみられている（梶田 1991）。本邦のデータとしても，たとえば，子どもの意思決定を尊重する教育理念の下で個に応じた指導などの実践を展開した小学校と，その近隣の一般小学校の卒業生を比較した研究があり，主体的な問題解決的な学習や自律的な学習に対する肯定的な態度がオープン教育を受けた卒業生で高かったことが報告されている（奈須 2000）。

　オープン教育は1つの理想であっても，現実にはむずかしいという意見も多いだろう。しかし，本書でみてきた心理学的な知見の蓄積や，グローバルな規模で展開する「学力」の捉え方の転換（たとえば，ライチェン・サルガニク 2006）をふまえるなら，オープン教育の歴史と実践から私たちが学ぶことは多い。少なくともこの観点から足元の教育のあり方を見つめ直し，実現可能な点を具体的に見いだすことは可能なのではないだろうか。とくに，オープン教育に通底する「子どもの力を信じて，彼らに学びを委ねる姿勢」の大切さは，教育という営み全般に通じる原理原則として絶えず再認識すべきだろう。

引用文献

小笠原和彦（2000）『学校はパラダイス―愛知県・緒川小学校オープン教育の実践』現代書館

梶田正巳（1991）「教室・教科の壁が取り去られるとき」滝沢武久・東洋編『応用心理学講座9・教授・学習の行動科学』福村出版，pp. 264-276

グリーンバーグ，ダニエル／大沼安史訳（2006）『世界一素敵な学校―サドベリー・バレー物語』緑風出版

中野光（1968）『大正自由教育の研究』黎明書房

奈須正裕（2000）「学力をどうとらえ，どう育てるか」『科学』70, pp. 834-838.

ニイル，A・S／堀真一郎訳（2009）『新版ニイル選集』（全5巻）黎明書房

平野朝久・奈須正裕・佐野亮子・由良純子・夏目幸弘・斉藤公俊（1987）「オープン教育における子ども観，学習観，知識観の検討」『東京学芸大学紀要　第1部門　教育科学』38, pp. 39-50

フレネ，C.／宮ヶ谷徳三訳（2010）『手仕事を学校へ』黎明書房

堀真一郎（2013）『きのくに子どもの村の教育』黎明書房

ライチェン，ドミニク.S.・リルガーツ，ローラ.H.編著／立田慶裕監訳（2006）『キー・コンピテンシー―国際水準の学力を目指して』明石書店

ロジャーズ，カール.R.／友田不二男監訳（1984, 1985）『新・創造への教育』（全3巻）岩崎学術出版社

索　引

[あ行]

IRE 連鎖　108,117,175
愛着（アタッチメント）　53
アイデンティティ　58
足場掛け（足場づくり）　41,112
アセスメント　125
安全基地　54
移行対象　54
一般知能　44
遺伝　9,12,15
意味記憶　66,67
エイジェンティック・エンゲージメント　101
ADHD（注意欠陥／多動性障害）　146
エピソード記憶　66
FIAC　107
LD（学習障害）　145
演繹推論　77-81
エンゲージメント　88,165,172
オープン教育　179
オペラント条件づけ　67-69

[か行]

学習　1,7,63,66-70,81,83-85
学業成績　12,15
学習意欲　90,101,172
学習環境　161
学習者中心の心理学原理　168
学習態度　87
学習方略　98,99
確証バイアス　79-81
課題外生的な価値　92,93
課題内生的な価値　92,93
価値　92,93
学業的目標　95
感覚運動期　29
環境　10,12,15
慣習的水準　52
感情論　89,90
記憶　63-66,70,71,74
期待×価値理論　91
帰納推論　77-81
規範遵守目標　95
ギャング・グループ　56
既有知識　106
教育　4,5

教育可能性　4
教育環境　161
共感　53
教示（教育）学習　3,4,8
教室談話　107
教授主義　108
共同注意　47
興味　96
興味関連価値　92,93
具体的操作期　32
クリティカル・シンキング　173
形式的操作期　33
形成的評価　126,127
結果期待　91
結晶性知能　44
高機能自閉症　146
向社会的目標　95
構成主義　27,29,165
構造類似説　144
行動主義　165
効力期待　91
心の理論　48
個人内評価　132,134,135
誤信念課題　48
個体学習　2,4
古典的条件づけ　67-69
個別の教育支援計画　149
個別の指導計画　149
コンサルテーション　155

[さ行]

作業記憶　65,70,73,74,82
参加者枠組み　115,116
シェイピング　68
シェマ　28
自我関連価値　92,93
ジグソー学習　123
試行錯誤説　25
思考　63,71,78,79,81,83
自己概念　56
自己決定理論　162
自己効力感　91
自己実現　181
自己実現の欲求　91
自己省察　99

自己中心性　32,45
自己調整学習　97
自己調整　97-101,172
　　──のサイクル　98-101
実行機能　50
実用関連価値　92,93
指導要録　133,134,139
社会的責任目標　95
社会的な規範　117
社会的目標　95
社会的領域理論　51
習得目標　93,94
熟達化　74
主体的な学習態度　86,87
順序類似説　144
状況興味　96
状況論　40
状態興味　96
状態レベル　89
事例検討会議　154
真正の評価　125,132
診断的評価　126
信頼性　136,137
心理的欲求　91
遂行コントロール　98
遂行目標　93,94
推論　76-78,84
ストレンジ・シチュエーション法　55
制約　35
生理的欲求　91
絶対評価　132-134
宣言的記憶　65
前操作期　31
総括的評価　126,127
相互作用分析　107
創造的思考　78,79
相対評価　132,133,135,141
測定　125
素朴心理学（心の理論）　35
素朴理論　35

　　　［た行］
対象の永続性　30
対人関連価値　92,93
多重知能理論　44
脱慣習的水準　52
達成目標　93
達成目標理論　93

達成欲求　91
脱中心化　45
妥当性　136,137
短期記憶　64,65
探求型の話し合い　111,112
長期記憶　65,66
適性処遇交互作用　14,171
手続き的記憶　66
動機づけ　89
動機づけ調整　99,104
洞察説　26
到達度評価　134,135
道徳性　51
特性興味　96
特性レベル　89
特性論　59
トップダウン　158
トランザクティブ・ディスカッション　110,
　111

　　　［な行］
内発的動機づけ　163
二重貯蔵モデル　64,70
人間主義心理学　180
認知カウンセリング　113
認知的葛藤　110,111,115
認知論　89,90
認定評価　133

　　　［は行］
パーソナリティ　10,59
発達　6,7
　　──の偏り　143
　　──の最近接領域　39,112
発達障害者支援法　147
発話行為　107
パフォーマンス評価　129,130,132
パフォーマンス目標　93,94
ピア・チューング　110
ビッグ・ファイブ　59
ヒューリスティック　72
評価　124,125,128
表現　174
表象　28,31
深い学習　106
不登校　150
文化関連価値　92,93
文化的―歴史的理論　37

索　引　183

偏差値　141
報酬関連価値　92,93
ポートフォリオ評価　129,131,132
ボトムアップ　158

[ま行]
マスタリー目標　93,94
3つの山課題　45
メタ認知　73,82,83,98,99,111,113,170
目標構造　94
目標に準拠した評価　134
モラトリアム　58
問題解決　71-77,79,81,83,84
問題表象　74-76

[や行]
抑制　50
予見　98
欲求論　89,90

[ら行]
リヴォイシング　114-116
流動性知能　44
領域固有説　35
領域レベル　89
類型論　59
ルーブリック　130,135
論理的思考　173

［編集代表］

山﨑 準二（やまざき じゅんじ）　学習院大学教授
高野 和子（たかの かずこ）　明治大学教授

［編著者］

鹿毛 雅治（かげ まさはる）
　1964 年生まれ
　慶應義塾大学教授　博士（教育学）
　慶應義塾大学大学院社会学研究科博士課程（教育学専攻）単位取得退学，日本学術振興会特別研究
　　員，慶應義塾大学助手，同専任講師，同助教授を経て，現職に至る
〈主要著書等〉
　著書『学習意欲の理論―動機づけの教育心理学』金子書房
　　　『子どもの姿に学ぶ教師―「学ぶ意欲」と「教育的瞬間」』教育出版
　編著『モティベーションをまなぶ 12 の理論』金剛出版
　　　『パフォーマンスがわかる 12 の理論』金剛出版
　　　『「授業研究」を創る―教師が学びあう学校を実現するために』教育出版
　　　『教育心理学（朝倉心理学講座第 8 巻）』朝倉書店
　　　『教育心理学の新しいかたち』誠信書房

〈未来の教育を創る教職教養指針〉　第 3 巻
発 達 と 学 習

2018 年 12 月 10 日　第 1 版第 1 刷発行

編著　鹿毛 雅治

発行者　田 中 千 津 子　〒153-0064　東京都目黒区下目黒 3-6-1
　　　　　　　　　　　　電話　03（3715）1501 ㈹
発行所　株式 学 文 社　FAX　03（3715）2012
　　　　会社　　　　　　http://www.gakubunsha.com

© Jyunji YAMAZAKI／Kazuko TAKANO　2018

印刷　亜細亜印刷

乱丁・落丁の場合は本社でお取替えします。
定価は売上カード，カバーに表示。

ISBN 978-4-7620-2836-6